LOS FLOUS
DÉ
LO MOUNTAGNO

POÉSIES PATOISES AMUSANTES

PASTORALES, DESCRIPTIONS, DIALOGUES COMIQUES
ÉLÉGIES, FABLES, MONCRIMES, ETC.

Par ALVERNHE, Louis

Membre de la Société des Lettres, Sciences et Arts de l'Aveyron,
Membre de la Société des Félibres
Membre correspondant de la *Société des Langues romanes*

OUVRAGE
SUIVI DE PLUSIEURS POÉSIES FRANÇAISES DU MÊME AUTEUR

ET D'UN RECUEIL CHOISI

d'Enigmes, Charades, Logogriphes et Calembours.

RODEZ
IMPRIMERIE H. DE BROCA, BOULEVARD SAINTE-CATHERINE, 1.

1880

LOS FLOUS

DÉ

LO MOUNTAGNO

TOUS DROITS RÉSERVÉS.

Seront réputés contrefaits tous exemplaires non revêtus de la signature de l'Auteur

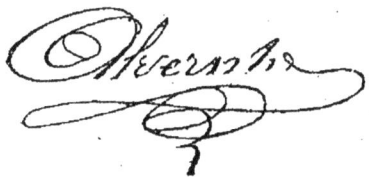

LOS FLOUS
DÉ
LO MOUNTAGNO

POÉSIES PATOISES AMUSANTES

PASTORALES, DESCRIPTIONS, DIALOGUES COMIQUES
ÉLÉGIES GROTESQUES, ÉPIGRAMMES, SATIRES, FABLES, MONORIMES
ÉPITRES, ÉPOPÉES, CHANSONNETTES BURLESQUES, ETC., ETC,

Par ALVERNHE, Louis
Membre de la Société des Félibres
Membre correspondant de la *Société des Langues romanes*

OUVRAGE
SUIVI DE PLUSIEURS POÉSIES FRANÇAISES DU MÊME AUTEUR
ET D'UN RECUEIL CHOISI
d'Enigmes, Charades, Logogriphes et Calembours.

Prix : **2** fr.; par la poste : **2** fr. **30**

RODEZ
IMPRIMERIE H. DE BROCA, BOULEVARD SAINTE-CATHERINE, 1.

1880

PRÉFACE

Bien que l'ouvrage que nous publions soit appelé à trouver des lecteurs dans toutes les classes de la société, il s'adresse plus spécialement à la jeunesse de l'un et de l'autre sexe.... C'est en vue de lui fournir un passe-temps agréable et innocent que nous l'avons composé.

Les quelques sujets badins qu'il renferme ont presque tous un cachet d'*originalité*, de nature à intéresser agréablement ceux qui le liront. Nous nous sommes attaché à les traiter aussi simplement que possible, tout en les rendant en phrases mesurées...

L'*idiome* que nous avons écrit, renfermant, à peu de choses près, tous les *dialectes* du vieux Rouergue, il pourra être compris non-seulement par les *Aveyronnais*, mais encore par les habitants de l'Hérault, du Gard, de la Lozère, du Lot, du Cantal, du Tarn et du Tarn-et-Garonne...

Nous n'avions ni l'intention, ni la prétention de devenir Auteur, mais la manie de faire des *rimes* et de les montrer, nous ayant réussi, sans trop savoir comment, à leur trouver une place dans les colonnes d'une feuille publique, nous avons fini par céder à des encouragements...

La lettre ci-après, que nous reproduisons textuellement, explique et autorise notre détermination. Elle a été adressée au *Journal de Saint-Affrique*, dans lequel ont paru, à titre de *spécimen*, plusieurs de nos poésies :

« Monsieur le Rédacteur,

» Si je connaissais l'auteur des *Poésies patoises* que
» vous publiez depuis quelque temps dans votre petit
» journal, je lui adresserais directement mes félicitations.
» J'ai lu et relu : *La Beillo dé la festo, La Festo, Uno
» Bataillo, La Noço dé Pierrou*, etc., etc. C'est magni-
» fique! Pas de prétention... Point d'emphase. On y
» trouve la tournure patoise toute pure, en phrases très
» bien mesurées.

» Au risque de blesser l'humilité du poète qui se sert
» du nom probablement emprunté de : Louisou dé L. P. N.
» nous le croyons appelé à faire revivre, dans notre pays
» du Rouergue et pour les départements limitrophes,
» l'auteur illustre des *Géorgiques patoises*, l'immortel
» Peyrot, ancien prieur de Pradinas.

..... » *Corriger en amusant*, tel est, à notre avis, le
» but que s'est proposé le poète. Nous l'engageons sin-
» cèrement à poursuivre une œuvre si bien commencée
» et à réunir en un volume ces belles publications dont
» raffolent les nombreux lecteurs de votre excellent jour-
» nal.

» Agréez, etc., etc.

» *Signé* : M. P. »

Quelques jours plus tard, le *Courrier de l'Aveyron*, reproduisait une lettre à peu près semblable, que nous regrettons de n'avoir pas conservée.

Les personnes habituées aux jeux de l'esprit, trouveront à la suite de nos *Poésies françaises* et avec la table des réponses, un recueil choisi d'*Enigmes*, *Charades*, *Logogriphes* et *Calembours*.

Messieurs les Instituteurs pourront, au moyen de ces *Poésies fugitives*, émoustiller et mettre à la torture l'esprit de leurs élèves les plus intelligents.

..... Nous avons tout lieu d'espérer que ces Messieurs feront l'accueil le plus sympathique à cette nouvelle création poétique, due à la muse joyeuse d'un de leurs anciens collègues :

ALVERNHE, Louis,
Ancien Instituteur.

AVERTISSEMENT

Le *patois* est un des idiomes les plus riches en expressions renfermant beaucoup d'harmonie imitative. Voilà pourquoi il est souvent plus énergique que bien policé. Dans le cours de notre ouvrage, nous avons souvent négligé la forme, en employant de préférence les termes les plus durs à l'oreille, parce qu'ils exprimaient plus nettement le fond de notre pensée....

Nos lecteurs remarqueront que nous avons marqué par une apostrophe (') les diverses syncopes ou élisions qui ont pu se présenter dans la mesure du vers. Ainsi, au lieu d'écrire :

Uno porto un toupi, l'aoutro uno cossoïrolo, etc.

nous avons écrit et on devra lire :

Uno porto'n toupi, l'aoutr'uno cossoïrolo, etc., etc.

Dans les diphtongues : aï, eï, oï, l'ï surmonté d'un tréma équivalant à deux i, le dernier fait élision avec le mot suivant commençant par une voyelle.... Donc, pas d'hiatus.

Nous avons, pour la mesure du vers, observé les règles de la *prosodie* française.

DÉDICACE

A MM. LES INSTITUTEURS

C'est à vous, Messieurs, que je dédie ce livre, fruit de mes veilles et de mes **rêveries**! Placé sous vos auspices, puisse-t-il grandir et se propager.

Puisse-t-il, bravant les traits de la censure, remplacer, à la ville comme au foyer rustique, certaines publications licencieuses, propres tout au plus à fausser l'imagination et à corrompre le cœur.

Ecrit en majeure partie dans un idiome réprouvé par les **Conseils d'instruction**, il pourra peut-être ne pas trouver partout des admirateurs... Néanmoins, allant à l'avant du **Grand Dictionnaire patois** de l'abbé Vayssier, il nous semble propre à faire ressortir la richesse et la beauté de notre **langue maternelle** à tous.

Celui qui ose vous en faire la dédicace se tient pour très-honoré d'avoir, pendant quelque temps, partagé vos pénibles labeurs.

L'Auteur,

ALVERNHE, Louis, ancien instituteur.

La Coste (Aveyron), 25 juillet 1880.

POÉSIES PATOISES

AMUSANTES

I

Emboucotiou!

Muso, qu'as énspirat lou Pouëto jouèyous (1)
Qu'o rimat én potouès, sus los quatré sosous,
Quitto, pér un moumén, to démoro flourido,
Ploçad'ol mièch d'un prat, ountè lo morgorido,
Lo tulipo, lou lys, lo bioulétto, l'uillet,
Formou, cado printéns, un superbé bouquét,
Ountè, dé boun moti, dins soun téndré romaché,
Lo troupo d'oousselous bén pér té randr'hoummaché,
È té diré qué sios digno dé sos omours ;
Béni, déspacho-té dé mé pourta sécours !...
Nani, sèro pas dich qué t'aj'émpourtunado,
É qué m'ajés téngut toun ooureillo topado...
Aï bourgut éntréprén'un drollé dé trobal,
Qué podi pas, sans tu, réussi coumo cal.
Mé siou més dins lou cap d'opplécha caouquo rimo.
Coussi m'én tiroraï dél founs jusqu'o lo cimo,
Sé mé prouméttés pas dé mé présta lo ma ?
Fort inutilomén pourrio l'y m'éscrima.
Dèl léngaché dés dious, pér qu'as tant l'hobitudo,
Béni lou m'énségna, fagués pas lo copudo...

Bouto, n'ajés pas poou, té foraï féstéja,
Té golominoras, t'onoras posséja...,
Sé roncountran quicon qué nous éxcit'o riré,
Mé diras coussi fa pér ou tourna pla diré
Loïssorén dé coustat cè qué séro sérious ;
Pénsorén pas qu'o faïr'un bouyaché jouèyous !...
Sé bos, pér caoùqué téns, débéni mo coumpagno,
Onorén, maï qué maï, bésita lo compagno ;
Aïmi pla soun èrt pur, omaï sous hobitans...
Porlorén lou potouès omé lous poïsans !...
Sé trouban *Jonétoun* ou lo bieillo *Thérèsö*,
L'y toucorén lou dét, l'y dirén caouquo prouëso,
Oquo los foro rir', è bendro nostré tour,
Dé pourré rocounta cè qué sé pass'ol four,
Omaï o lo ribieïr' én lobén lo bugado,
Pos counta qué forén maï d'uno *rigoulado* !...
Fillo dél *Ségola*, coussi tu béndrios pas,
Mé faïré cè qu'as fach ol *Priou dé Pradinas* ?
Es tu qu'as éscoouffat so bèrbo pouétiquo.
Qu'o sochut l'y gogna, l'odmirotiou publiquo.
Es mort, io près d'un siécl', è lou noum qu'o pourtat,
Passo dé bouquo' n bouqu' o lo poustéritat,
L'as guidat coummo cal... è soun oubraché duro.
Peyrot démouroro *chantré* dé lo noturo !... (1)
Pér iéou, n'éspèri pas dé m'immourtolisa ;
Séraï prou sotisfach, s'aï pouscut omusa,
Désénnuya caoucun, sans fa tort o soun âmo,
Oquo's tout lou succès qué *Louisou* réclamo...
Orrésten-nous oqui... *Muso*, m'as prou coumprés.
Dé t'én diré pus long, sérbirio pas o rés...

(1) *Géorgiques patoises*, par Peyrot, ancien prieur de Pradinas.

Laïsso-mé counténta l'embéjo qué mé tuo,
Tampis pér iéou, tampis, sé *Pégaso* (1) mé ruo!...
Dél gronié d'*Oppoulloun* (2), dourbis-mé lou trésor,
Per pago réçoouras uno courounno d'or...
Sé faou quicon dé bou, n'oouras touto lo glouèro,
È toun noum séro' scrich ol *Témplé dé Mémouèro*.

RESPOUNSO DÉ LO MUSO!...

Pér qué m'as émboucado,
Béni, noubèl *Rimur,*
Té fa moun occoulado,
È té souhéta bounhur !...

Mais, garo!... lo critiquo,
Préparo soun fissou,
È Dious sap coussi piquo !
Aï ! aï ! aï ! Louisou !...

N..., *muso dél Ségola.*

(1) Génie poétique, cheval fabuleux ayant deux ailes.
(2) Dieu et maître des muses.

II

LO NOÇO DÉ PIORROU

(Pastorale).

—

Pastrés è postourèls
Quittas bostrés troupèls.
Fosès bîté, bénès préné part o lo fèsto,
Qué désespieï dèch jours, dins nostré mas s'opprèsto.
É pourtas, én bénguén,
Bostro douço musetto,
Donsorén lo quotretto
Ol soun dé l'éstrumén...

Lou signal ès dounnat,
É prou lèou répétat...
Dés bilachés bésis éspélis uno troupo
Dé pastrés, dé boïléch, omoturs dé lo soupo ;
Orribou plo pinpach !...
Lou copèl sus l'ooureïllo,
O biouré lo bouteıllo,
Toutés sou déssidach.

Lous uns oou de sipléch,
Daoutrés dé flojouléch.
L'on né béï quatr' ou cinq joua dé lo cobrétto.
Lou qu'o pas d'éstrumén, dis uno consounnetto,
Tout bo jouyousomén...
Daillurs, un jour dé fèsto,
Paouc émporto lou rèsto,
Tout lou mound' ès counténn...

Garo ! lous pistouléch,
Coussi fiquou dé péch !...
Dé pértoùt, l'on oousis rétrouni lo compagno,
Lo modo bol oïtal, ol poïs dé mountagno,
È dins lous embirous,
(Modo qu'és pla poulido)
Quand caoucun sé morido,
Foou péta lous conous...

Tout lou moundé sourtis,
Tout lou moundé courris,
Lous joubés è lous bièls, omaï los doumoisellos,
Qu'oou fach cè qu'oou pouscut pér sé méttré pla bellos;
Chacun s'ès empréssat,
Séloun soun hobitudo,
Pér béïré lo téngudo
Dél moriach' ounounçat...

COTHORINO BORRAOU
Omé PIORROU COURNAOU,
Oquo's oquélès dous qué lou curat éspèro !
Sè sou coousich per faïré un couplé dé miséro.
Èl ès tout mal bostit,
Mostro pla tristo mino,
Dirias qu'o lo fomino,
Sémblo' n bostou béstit !...

Ès guèch' omaï boussut,
O lou nas tout croucut,
Los cambos dé trobès, è l'esquin' énfounçado,
Ès tout gorjobirat, o lo barbo trooucado,
Quand ol moundé bénguèt
Oquéllo créoturo,

Quanto corricoturo
Qué lou boun Dious foguèt!!!

D'ello, né porlén pas,
Dél cap jusquos én bas,
N'o pas rés dé poulit, ès oïssaplo qué crébo,
Ou per millou porla, réssémbl' os uno trébo !...
Es quicon dé curious,
Mourré long, dédéntado,
Touto mal occoutrado,
Oï! qu'és lourdo, moun Dious !...

Aï lounténs bouyochat,
Mais, jomaï n'aï troubat,
Quicon dé pus offrous qu'oquéllo bieillo lourdo,
O lou nas èscloffat, lou cap coummo' no gourdo,
Tombo sul coustat dréch,
Marcho touto courbado,
Lou qué l'o fobricado,
Éro pla malodréch !...

Sé sou sochuch coousi,....
Philippo moun bési,
L'aoutré jour, lous béchén possa pér lo corrieïro,
Oppéllo bitomén Cotin lo courdurieïro...
« Béni béïré, » dis-él,
« Jomaï booutat poréillo.
» Quanto grando mérbeillo,
» Qu'occato lou sourél !... »

Déjà lous émbitach,
Sé sou toutés sorrach.

Oou trincat è bégut cadun omé so *bèllo*,
Portissou dous o dous en contén : *léroullélo!*...
   Cothorino, Piorrou,
   Tirou touto lo colo,
   Él, ès sus uno miolo,
   Ello sus un *bourrou!*... (1)

   Lou pastré Bourthoumiou,
   Bèstio coumo' n bossiou,
Lous séguis pér-détras om' uno grosso triquo.
Esprès l'oou més oqui pèr tusta lo bourriquo.
   Quand bourro pas morcha.
   « Oné, Morti, comino !
   » Moridan Cothorino,
   » Té dibés déspocha !... »

   Moun asé pla bridat,
   Morchabo tant quillat,
Qu'o péno sè bésias, sé toucabo pér tèrro !
Oourias dich, gaïré maï, un chobolou dé guèrro ;
   Bromab' o cado pas,
   Boulégabo lo couetto,
   Fosio' na lo *troumpetto*,
   Mais jomaï toumbèt pas !...

   Asé tant fourtunat !
   Qué t'és éstat dounnat
Dé pourta sus to croup', ol jour dé soun moriaché,
Lo fillo dé *Borraou*, lou réï dé soun bilaché,
   Oprès toun dornié jour,
   Los pajos dé l'histouèro,

(1) Un âne.

Roccountoroou to glouèro.
Asé séras toujour!!...

Omaï tu, *Bourthoumiou*,
Foguèros to founctiou!...
Sé jomaï siou corgat dé roccounta to bido,
Diraï o toun suchèt uno caouso poulido ;
Diraï, soubén-t'én pla,
Qué quand l'asé pétabo,
Bourthoumiou lou pounchabo,
Pér lou faïré cola!!

Dins un houro dé téns,
Orribèrou counténs...
Lou clèrgu'ol grand golop, olluco los condèllos ;
Iobioou récoummondat dé coousi los pus bèllos,
É toud oquo foguèt ;
Quant souèsso pla lèsté,
O pén' ojèt tout prèsté,
Qué lo noç' orribèt...

Bérnat, lou componiè,
Té golop' ol clouquiè.
Pér faïré lous hounous os uno tallo noço,
Biro déssus déjoust lo compano pus grosso,
Brondis qué brondiras !!
Ioou proumés un' éstréno ;
Qué sé donno dé péno,
Oquél paouré éfontas!...

Botisto, lou bédèl (1),
Omé soun grand copèl,

(1) Bedeau, espèce de suisse.

Tout quillat, lous otten oqui sus lo grand' porto,
Pér lous coumplimenta dé lo pus bèllo sorto :
   Sabi pas qué dièt,
   Mais, *Jacqués dé Mouilleiros*,
   Qué lèbo los codieïros,
   Tout soul opploudiet !...

     ⚜

Opprouchan paouc o paouc dél moumén soulonnèl !...
Lou curat bo légi lou : *Deus Israël !*...
Lous futurs moridach, l'amo tout' otténdrido,
S'obançou grabomén ; ou boou fa pér lo bido !...
Boloù morcha dé froun, mais s'éndébénou pas.
Sé l'un tiro pla dréch, l'aoutré fo' n michan pas !...
Un, bo poousadomén é l'aoutr' o lo préssado.
Cothorino déjà sémblo déscouncertado,
É béleou boudro pas pustard sé rémoousi !...
Es égal, cépénden sé sou sochuch coousi !...
Montou *potin potan*, pè dé lo sénto taoulo.
Piorrou, tout décidat, onaouço lo codaoulo,
Bol obonça pus naout.... Lou suisso l'y cridet :
« Oqui, sus l'éscolié, démouras, sibouplèt... »
Mais, ol lioc d'éscouta *Nicoulèt* qué s'emporto,
Piorrou sèrco qué maï o's énfounça lo porto.
« Orrèstas, bous aï dich, diaplé qué sés préssach !
» Cal bé qu'ojès pla poou d'èssé pas moridach !.., »
L'ogachou toutés dous, én l'y foguén lo mino,
Aourias crébat dé rir', én béchèn *Cothorino*
Qué roffissio lous poch, coumo pér s'énquiéta.
Bité, lou socristén sé méttèt o conta :
« *Conjungat vos Deus !...* Que Dieu vous réunisse !...
» Et que du haut des cieux, sa bonté vous bénisse ! »

Oquo souèt finit ! Toutés dous, o jinouls,
Pér saoupré s'èrou bious, sé toucabou lou pouls !...
Toutés lous ossisténs, plourabou dé tondrésso !...
Orribo lou curat qué diou diré lo mésso ;
O pén' o coumméngat l'*In nomine Patris*,
Qué *Cothorino* plour', è Piorrou lo seguis !!...
« *Confirma, Deus, hoc...* Donnez-leur le courage
» De pouvoir sans regret accomplir ce mariage !!... »
È plourabou qué maï !... Bîté, moussu l'*Obbat*,
Dé lous faïré sorra déjà déséspérat,
Ottrappo l'esporsou, l'our traï o lo préssado,
Uno pléno couïrétto, ooumens, d'aïgo ségnado ;
O forço d'osoga sé calmèrou'n poouquét,
È dobans dé fini, sè boïlèrou lou dét.
Lou curat : « Vous venez d'accomplir un grand acte,
» D'un réciproque amour, vous avez fait le pacte.
» Gardez-vous ici-bas toujours fidélité,
» Et vous bénirez Dieu pendant l'éternité !... »
Quand ojèt prou préchat, coummo cal lous osoundo,
L'y t'onèt lan dé ban, qué dins uno ségoundo,
Fiquou lou camp d'oqui trémpés coummo dé rach.
Dias coummo bourrès, mais sou pla moridach.
Dobalou douçomén' én foguén lo grimaço ;
Sourtissou dé lo gleïs' è s'én boou sus lo plaço.
Couquinas qué jomaï, nostré clergué *Louis*,
Sans fa sémblan dé rés, pér-dorrès lous séguis.
Coummo l'oou pas pogat, oquo l'y fo dé péno,
Mais, o pla troboillat, bol pas pérdré l'éstréno.
Occoustumat pla joub' o moïnocha l'orjén,
Piorrou, lou cap boïssat, réfléchis un moumén,
O lo fi, sé décid' o déssorra lo bourso,
Pér counténta *Louis* qué s'én tourn' o l'éscourso.

Floütos è sipléch,
Tombours è flojouléch,
Tout sé délargu' ol cop pér coumpléta lo fèsto.
« Lous lébraous sou roustich, è lo fouasso' s prèsto,
Lo cal ona tosta.
» És un jour de pitanço,
» Rofistoulén lo panço,
Pér pourré pla soouta !...

Montou bit' o chobal,
E filou daous l'oustal.
Pér sé mettr' én comi, foou lou tour dé lo plaço.
Lou fomous *Bourthoumiou* torno préné so plaço.
Moun as' oquéslé cop,
Los ooureillos quilladós,
Fo dous ou trés ruados,
È portis ol golop.

Courris os quatré pès,
È *Bourthoumiou* dorrès...
Lo poou gagno *Piorrou!*... « Mo paouro *Cothorino!*
» Sé tombo, pér malhur, sé dérrusquo l'ésquino !...
» Ah! suchét dè *morti*,
» En plaço dè sibado,
» Oouras uno frettado,
» Qué sè foro sénti !... »

Cothorin', ès égal,
Sé ténguèt coummo cal !
L'asé déscouncértat d'oquello coboillieiro,
Mét lo couetto jul béntr' è brondis lo croupieïro ;
O poou dés tustossals...
Én coulèro, lo troupo,

Déscargo sus so croupo
Maï dé cént coch dé pals !...

L'oou talomén tustat,
Qué l'oou mièch éspétat.
Disou qué déséspieï oquéllo bostounnado
Pousquèt pas pus morcha. Dins méns d'uno mésado,
Un dissaté moti,
Cothorino plourabo,
È Piorrou regrettabo,
Lo pèrto dé *Morti !...*

Tu, qu'èros tant glouríous !
Sios pas éstat hurous !
Morti ! brabé *Morti !* Poguèros dé to bido !...
Sios crébat én foguén uno fi pla poulido :
As bist toun dorníé jour,
Mais, bouto, dins l'histouèro,
P.orloroou dé to glouèro ;
Asé, séras toujour ! !

III

LO BEILLO DÉ LO COBOLCADO [1]

Dialogue comique.

Un *héraut d'armes* fait pompeusement l'annonce de la Cavalcade. — Quand il a fini de parler, et au moment où la foule commence à se disperser, *Jovial* et *Rigolo*

(1) A Saint-Affrique (Aveyron), le 12 juin 1880.

montent précipitamment en scène en costumes d'ouvriers.....

JOVIAL (à la foule).

Hè !... préngués pas lo goloupado !...
L'onnounço n'és pas occobado...
(S'adressant au héraut d'armes.)
Tu, l'o m'as pla mal délorgado...
Dobalo-mé dé sus l'éstrado,
Aoutromén., d'uno plompounado,
Bas faïré lo dégringoulado !...
(Le héraut d'armes se retirant.)
Ouaï !... né tén uno culoutado !...

JOVIAL (au héraut).

En tout cas, tu l'as pas pogado !...
(S'adressant au public.)
Opprouchas-bous dé moun éstrado,
Enténdrés millou mo préchado...
Bénès toutés o lo préssado...
..... En bous souhètén bounno sérado,
Salut ! Bous faou mo copélado,
È tant millou qué l'énsolado,
Coummo cal ou mal énjinado,
Qué poudés oburé monjado,
Ajé pla près lo dobolado !...
(Il prend une prise.)
Bous oou f...outut uno borjado,
Très ou quatré coch répétado,
Pér diré qué lo cobolcado,
Déspieï caouqués jours onnounçado,
D'oboùn è dobàl espérado,
Déma sério répréséntado ;

Noou pas dich uno c...ouillounnado...
Pourtan, uno caous'oou monquado ;
Baoutrès l'obès pas rémorquado,
Boutas... oqui l'aï pla noutado.
Ténès bostr' ooureillo quillado,
Lo bous oouraï bit' éscullado !

RIGOLO *(riant aux éclats)*.

Dé qu'ès oquello borgouillado
Qué termino toujour pér : *ado*?
Cal sap oùn diaplé l'o péscado?

JOVIAL.

Tu... tén lo gorjo sorrado,
Lo parooulo t'és réfusado,
È té séro pas occourdado,
Qu'o lo coùnditiou plo poousado,
Qué séro pas jomaï ploçado,
Pér diré caouquo *bestiossado*.

RIGOLO.

Disés maï d'uno bobioulado
Touto mal occoutrillado.

JOVIAL.

Grando mochino déstrocado
As dounc lo cérbello félado ?

RIGOLO.

Tu... lo copurlo mortellado !...

JOVIAL *(avec menaces)*.

Méritorios... uno fréttado...
To fénno né sério fochado,
Aoutromén, d'uno mourréjado,

O grand tour dé bras émbouyado,
Oourios lo figuro coupado,
En millo boucis portochado,
È lo pel dél béntré....

RIGOLO.

Crébado ?...

JOVIAL *(avec colère)*

Gardo ta léngu'éncodénado,
Trasso dé poïrolo trooucado !

(Au public.)

S'aï lo poraoulo tant coupado,
Finiraï pas dé lo sérado,
Dé débita lo courdélado
Qué régardo lo cobolcado...

RIGOLO *(riant)*.

Sustout s'és tant énrombouillado...

JOVIAL *(avec menaces)*.

Tè !... T'éngruni lo cérbélado !...

RIGOLO *(avec ironie)*.

Enténdén-nous... lo courdélado,
Parli pas dé lo cobolcado...

JOVIAL *(au public)*.

Ar'aï lo mémouèro trouplado !...

RIGOLO *(riant)*.

So lénguo s'és éntourtillado !...

JOVIAL *(avec emportement)*.

Lo tiouno n'es pas mal pénjado.

RIGOLO *(parlant au public)*.

Lo tant birado, rébirado,

O dréch'o gaoucho boulégado,
Qu'obans lo fi dé lo sérado,
Pari qué l'oouro boutioulado !...

JOVIAL *(menaçant)*.

Finiras pas, *suquo* timbrado !

RIGOLO.

Barjo, frimousso mal lécado !...

JOVIAL.

Oïdà... la tioun'és pla tourcado.
L'ossisténço n'és tant chormado,
Qué sé l'obio pas orréstado,
Dé lo beiré to mal fourjado,
Ol golop sé séirio sooubado !...

RIGOLO.

Mo binetto mal tourtillado ?...

JOVIAL.

Oh ! sios poulit... *(au public)* Ah ! l'aï troubado
Lo suito dé mo prédicado !...

RIGOLO.

Disios qué l'o t'obio ponado !...

JOVIAL *(poussant Rigolo)*.

Baï t'én én l'aï....

RIGOLO *(faisant semblant de tomber)*.

.... Quagno poussado !..

JOVIAL *(au public)*.

Oui, déma... grando journado.
Oourés touto lo motiuado
Pér lo bésougn'ocoustumado !...
Lo messo séro pas courchado,
Ni lo toouletto négligeado.

RIGOLO.

Maï qué jomaï séro souognado...
Déqué?... Lo beïrén roffinado...

JOVIAL.

Oquo bol pas diré sucrado,
Qué béleou sério trop lécado !

RIGOLO.

Ané, finis to prédicado,
Qu'énnuyos touto l'ossémblado !

JOVIAL.

Sé l'obios pas éntrécoupado.
Pér caouquo trasso dé jopado
D'oquest'houro séri'occobado.

(Au public).

Dé suito qué l'hour'onnounçado,
Dél clouquiè séro dobolado,
Lo bello troupo coustumado
En ordré coummo cal ploçado,
Coumménçoro lo défilado...
Cotinou, s'és pas orribado,
Tampis pér ello s'és fochado !...

RIGOLO.

Oh ! là ! qué sério désoulado !...

JOVIAL *(au public)*.

O prépaous... Lo caous'oublidado,
Bésès l'oïci clar ésplicado,
Orribas lo bourso forrado.
Pas gaïré pla courréjounado !...
Lo mounédo qu'oonrés boïlado,
Ou sobès, séro pla ploçado
N'oun cal d'orjén... uno corrado.

Dé louidors... Uno déscado,
D'escuch... Tout uno sémolado,
Dé soous... Maï d'uno borricado !

RIGOLO *(à tue-tête)*.

È dé liardos... Uno tinado.

JOVIAL *(à Rigolo)*.

Oquello n'és pas mal troubado !
(Au public, solennellement).
Ol moumén dé quitta l'éstrado,
Mé bén uno bounno pénsado,
Toutés, o gorjo désplégado,
Cridén sul toun lou pus jouèyous :
« Bibo, bibo lo cobolcado,
» Éspréssomén ourgonisado,
» Pér sécouri lou malhurous ! »

IV

LO GRANDO COBOLCADO

OL PROUFIT DÊS PAOURÉS

(Ourgonisado pér lo CLASSO OUBRIEIRO dé Sént-Offriquo.)

13 JUIN 1880.

Lo billo tout'éntieïr'o prés un ert dé festo...
Os un plosé noubel Sént-Offriquo s'oppresto !
L'oloousétto disio soun prémié *tireli*,
È l'aoubo n'obio pas occobat d'espéli,

Qué déjà dins cado carrieïro,
Entrébésias ol tras-lusén,
Oubriès, potrous, damo, chombrieïro,
Encaro maï qu'un jour dé fieïro,
Tréposséja pla léstomén !...

Sén ol jour onnounçat !... Un ris è l'aoutré canto...
L'éfontou fricooudét, lo filletto chormanto,
Espouèr dé lo fomill'è pla scorrobillach...
Ol soun de l'*Angélus* sé sou dérébeillach...
  Doumoïsélétto dégourdido
  Lou froun jouéyous, lou cur countén,
  O so moma tout'éndourmido
  Bo récloma raoubo poulido
  È loï courris én soutillén...

È lo bounno moma bitomén s'és quillado...
Dél trobal dé lo beill'éncaro fotigado,
Un quart d'houro dé maï tampla qu'oourio dourmit,
Mais... tampis !... Lou sourél séro pas éspondit,
  Qu'oouro més ordr'o so cousino
  È récotat tout soun oustal ;
  Fach lo touolett'o *Joséphino*.
  Cocquéttat omé lo bésino,
  Séro présto pél Fésténal...

Lous èrs oou réténtit dél soun dé lo musiquo !...
Olerto !. Omusén-nous !... Onén o Sént-Offriquo !...
Réspoundén o l'oppél... En colo portién...
Dé quicon dé poulit ly nous réjouirén !
  È l'hobitan dé lo compagno
  Ottolén soun poulit *Brétou*,
  Mount'ol coustat dé so coumpagno,

Quitto lo plan'ou lo mountagno,
Orribo fier coumm'un ségnou !...

Lou réloch'o piquat l'houro tant otténdudo.
Pas pus dé péssomén, pas pus d'énquiétudo...
Dé soun oustal, cadun pla léstomén sourtis.
Dé poou d'éss'én rétart n'io maï d'un qué courris...
  Lo foulo sémblo tronspourtado !...
  L'on éntén oquél crit jouéyous :
  « *Bibo, bibo lo Cobolcado*
  « *Espréssomén ourgonisado*
  « *Pér sécouri lou malhérous!...*

Couraché ! 'Obén oousit lou bruch dé lo fonfaro !...
Cado trin dé lo beill'o pourtat o lo garo,
Noumbré dé bouyochurs, orribach ol pus léou,
Pér éssé éspétotous dél supérbé topléou.
  Qu'un ésprit dé miséricordo
  O proumés dé représénta...
  Fugis, fugis, soumbro *Discordo* !
  L'uniou, lo pès et lo councordo,
  Soouroou béni lou coumpléta !

Lou moumén és béngut... Tout o troubat so plaço.
Lou défilat coumménço... O mésuro qué passo.
Dé grands tustals dé ma, dé courounnos dé flous,
Lou paour'o tressoillit è s'és séntit hurous.
  Lo béllo troup'és coumpoousado
  D'hounnéstés gens toutés omich...
  Supérbomén pla dirijado,
  O l'obanço s'és hobillado.
  Dé coustumés ésprès coousich !...

Dél courtèché brillén, cal o dourbit lo marcho ?
Dous poulich coboliès o lo noplo démarcho,
O l'ert plo décidat, richomén coustumach.
Hérauts d'armes !... Oïtal èrou quolifiach,
  (Sé l'on diou né créïré l'histouéro)
  Lous qu'o lo suito d'un coumbat,
  Ou d'uno grand'octiou dé glouèro,
  Prouclomabou qué lo bictouèro
   Èro dé tal ou tal coustat.

Dé *Christopho-Colomb* tournén dé l'Omériquo,
Sé mostr'ol ségoun rénc l'éscorto magnifiquo !...
L'on pot beïr'én pichou lo réprésentotiou,
Dés hounous dé trioumph'è dé lo récéptiou
  Qué foguèt lo réïno *Isobello*,
  Ol nobigotou courochous,
  Pér so déscouberto noubello (1)
  Oquél'éxpéditiou tant bello,
  L'o rondut o jomaï fomous !...

Oprès... bén lou sémblan dé maï d'un pérsounachè,
Qu'oou goubérnat lo Franç'ol téns dél moyén-aché.
On rémarquo sans pén' *Honric IV, Honric trés*.
En coustumé rouyal *Charlés IX* l'y porés.
  Lou séchièmé sièclé figuro...
  Lou doso-sètièmé surtout...
  Corrio dech pajos d'escrituro
  Pér pourré faïré lo pintruro.
  E porla dignomén dé tout !...

Dins un ordré parfét cado bando défilo...
N'oou pas mal imitat los armos dé lo billo...

(1) Découverte de l'Amérique, en 1492.

Lo *Sorguo* éncaro maï... Ogochas lous *Pierroch*.
Sou lours... omaï poulich... Roffissou pla lous poch!.
    L'y dounan uno bounno noto...
    Lo méritou certénnomén...
    Bésès lou fomous *Donquichotto* (1)
    Coussi té sap tira lo botto
    Countro lou grand mouli dé bén...

Lo musiqu'o soun tour és pla réprésèntado,
Es l'*âmo* dé lo fest'è dé lo *Cobolcado*!...
Bravo!... dé l'*Orphéon* lous occors robisséns.
Dins l'ert tout réjouit, montou dé téns én téns!...
    Lo foulo bîté s'omoulounno,
    Entré qué s'oppresto o conta.
    O dréch'o gaoucho l'énbirounno.
    Dobans, dorès, fourmo coulounno,
    S'olasso pas dé l'éscouta!...

D'un spéctaclé tant bel gordorén lo mémouèro!...
Sus dé carris mountach, toutés d'oprès l'histouèro,
O soun lésé, cadun l'y béï réprésèntat
Un imagé porfét dé maï d'un corps d'éstat.
    L'Industrio, l'Ogriculturo,
    Sorrés noscudos dél Trobal,
    Qué pérfectiounnou lo noturo.
    Lo Pouésio, lo Pinturo,
    L'y poréssou pla coummo cal...

Onén dél *Chorlotan* oousi lo bounno blago,
So mérchondis, omaï bargué pas grando pago,
Croumpén lo l'y toujour; sobén qué notr'orgén,
Onoro réjoui tal ou tal éndigén...

(1) Chevalier romanesque.

Sou dignés dé récounnouïssénço,
Lous brabés ourgonisotous
D'uno tallo réjouissénço.
Coumo prémieïro récoumpénso,
Omé réspèc soluén lous !...

Intélligéns *quéturs*, coumménças bostro roundo (1).
Pérdés pas un moumén, uno soulo ségoundo,
Démondas è prégas om'un ert grocious,
E sé romplissès pla bostr'omplouè glourious,
Obans lo fi dé lo journado,
Des louidors qué bous troïroou,
Oourés lo coïssetto forrado.
Sé manquo pas qu'uno brossado,
Boïlas tonjour !... N'ojés pas poou...

Dél séxé fino-flou, prén, prén sus to touolètto,
Pér randr'un paouc pus fort lou proudit dé lo quètto.
Sé cal, baï déspénja tous supérbés péndéns,
Caoucun tén croumporo pus tart dé pus luséns.
Lou qué soulacho lo souffrénço,
Dis un ésprit d'humonitat,
D'oburé préstat ossisténço,
N'opténdrio pas lo récoumpénso,
Qu'oouro toujour pla méritat !...

Baoutrés qu'obès o souhèt lous plosés dé lo terro,
Enténdès, énténdès lou crit dé lo misèro !...
Loïssas bous otténdri !... Dounnas pér qué poudès
En plaço trouborés lou bounhur è lo pès !

(1) Le produit de la quête s'éleva à la somme de 1307 fr. 20 c.

Foguén toutés caouso conmmuno,
Pus tart noun félicitorén,
En sécourién l'énfourtuno,
Bérmorén pas nostro fourtuno,
Ol countrari, l'oouméntorén !......

V

L'IBROUGNO !..

(Satire.)

« Couro béndro, cal sap, oquél trasso d'ibrougno ?...
« Nani, coumpréni pas coussi n'o pas bérgougno
« Dé l'oï démoura tant !... Ounz'houros boou piqua,
« Pér qué bol pas béni, qué s'ané fa fiqua !...
« Qué cal poti, moun Dious !!. » Oïtal disio *Morgot*,
Lo fénno dé *Michèl*, pér éscaïs : *lou porrot*.....
Michèl èro portit lou moti pér lo fleïro,
Omé lou moréchal dél cap dé la corrieïro,
È s'érou pas quittach gaïré dé tout lou jour ;
Ol *bouillou* dé Bacchus obio pla fach lo cour !..
Michèl s'én coufflèt tant, qué né pérdèt lo boulo,
È lou séro, loïsset so fénno touto soulo.....
Lou léndéma moti, quand dintrèt o l'oustal,
« Grand topach'ol quortiè !... « Sios oïci cornobal !..
« Piliè dé coborét !.. Mooubès suchèt ! Ibrougno !... »
« — Fénnou ! t'énquiètés pas !... Ané faï to bésougno...
« En tournén dé lo fleïr'aï pérdut lou comi,
« E dé touto lo nuèch n'aï pas pouscut dourmi !... »

« — Marcho, trasso d'oubrié! Ménos bounno counduito.
« Dibios té déspocha, pér t'én tourna dé suito...
« As pintat tout lou jour e té siòs ibrougnat,
« As monjat toun orjén, oquo's cé qu'as gognat... »
« — Mo brabo *Morgoutou*, siagués pas tant michanto,
« Dé mé moustra los déns, cal bé qu'ajés pla panto?...
« Sé me bos fa plosé, baï mé quèrré dé bi... »
» — Mé bos pas émbéstia, marcho, baï té cobi. » (1)
« — Ah cà ! l'y pénsos pas... Tu qué sios tant poulido?
« Dél bi, sabés bé prou qué faou mo mièjo bido !... »
« — Omago té, t'aï dich, qué té béché pas pus !...
« Faou méns dé cas dé tu, qué d'un trasso dé gus !... »
« — M'én obios pas jamaï dich uno dé tant béllo !...
« Oquos égal, m'én fas uno dé pla cruello !...
« Mais, té pérdouni tout... Faï mé biour' un coupet
« É quand l'oouraï bégut, té toucoraï lou dét !...
« Ané, déspacho té, *Morgoutou* ma fénnetto,
« Millou lou pourtoras, doun maï séras brobétto... »
Michèl porlab' oïtal, sus lo taoul' omourrat...
En coulèro, *Morgot* ottrappo lou forrat.
Lou l'y boujo sul cap è passo pér lo porto,
Michèl és réféscat dé lo pus bello sorto !...
Trémpé jusqu'o lo pèl é sans trop sé focha,
Sé brondis coummo pot, sé mét o s'ogocha,
È dis : « Aï *Morgoutou*, sios un pàouc trop couquino.
« S'obios fach soulomén pas qu'omé lo bossino,
« Mais omé lou forrat !.., Ès un boussi trop fort !
« Sé m'obios trach dé bi, dirio qué n'as pas tort.
« Omé daïgo dél pous, mé trémpa lo comiso !...
« *Morgoutou! Morgoutou!* m'as fach uno soutiso...
« Mo brabo, tart ou lèou lo té corro poga !... »

(1) Te cacher.

Dintro *Janou*, *Michèl* bo bité s'omoga...
Janou bén pér trouba *Morgot* qu'és so moïrino.
Coustumiè dé l'oustal, bo dréch o lo cousino.
È béï dorrès lou liech nostré paouré *Michèl*,
Qué fo péta los déns, déjoust soun grand copêl !...
« — Poïri, dé qu'obès fach? En bénguén dé lo fieïro,
« N'oourés pas saïqué bist ni comi ni corricïro,
« È dins caouqué tooutas bous sérés omourrat.
« Cal bé quicon oïtal, ses trémpé coumm'un rat!...»
Orribo sul moumén, *Morgot* énfumélado !...
Michèl l'y dis : « Fénnou, baï quèrr'uno tossado
« Dél millou bi qu'obèn, coubidorén *Jonou*,
« Qu'és béngut pér té béïré !... Ané, baï-leï, fénnou!.. »
Morgot réspon pas rés... L'y saouto sus lo bourro,
Michèl, én s'opporén, coumo cal lo débourro...
Jonou sé mét en miech pér lous déssipora,
Sé rébirou sus él, sé dipièt pas corra...
Porés qué réssochèt uno bounno fréttado ;
Tampis pér él, tampis, pér déqué l'o sércado.
Quand lo fénno bat l'homm'és un pichot malhur.
Sé l'hommé bat lo fénn'ou fo pér soun bounhur.
Prou rist !... chongén dé toun ! Ou disi sans bérgougno,
Counnouïssi pas rés pus dé tant lourt qu'un *ibrougno*.

VI

Lou Charribari!!

(Description).

Dé qu'és oquèl topaché,
Qué foou dins lou bilaché

Désespieï caouqués jours ?
Oousissén clorinéttos,
Floütos è troumpèttos
Grosso-caïsso, tombours !...
Obén lou cap coupat d'uno tallo musiquo,
Copaplo, *pér mo fiat*, dé dounna lo couliquo
Quand lo rajo tréscol' è qué lou jour finis ;
D'oquélès éstruméns lou bruch nous éstourdis ;
On éntén sus lo plaço
Noumbrouso populaço,
Faïré grand boconal.
Los ooureillos coupados
D'oquéllos sérénados,
M'aï d'un s'én b'o l'oustal !...

Io maï d'uno sémmano,
Qué lous truch è lo plano,
Sou lassés dé souffri
Lo musiqu' énrochado
Qué sés ourganisado
Pér fa *charribari!*...
Présqué pér tout pois lo mod' ès éstoplido
Dé faïré fosso bruch, s'un *biousé* sé morido.
Oïci, dins nostré mas, tout lou moundé sap prou,
Qué lo *biouso Morioun* bol éspousa *Piorrou*.
Déssus oquél moriaché
S'ès fach un grand porlaché,
Désespieï prép d'un més;
Lo caous' ès prou publiquo,
Otobé, lo critiquo
Laïsso pas possa rés.

Sés dich maï d'uno craquo
Sus lo paouro cosaquo

D'oquél coupl' omourous...
Sul mercat, garo, garo !
Cado sér tintomarro,
Pér l'y fa lous hounous !...
Lou pastré qu'o loïssat sos fédos pla tronquillos,
Orribo tout corgat d'un brabé faïs d'ésquillos,
Pér faïré maï dé bruch, coummo cal los brondis.
Èn lou béchén possa, tout lou moundé sé ris.

Lou mérchan dé forraillo,
Tusto sus uno daillo,
È fo dé souns tant lourts,
Qu'un tal corrillounnaché,
(N'és pas un bodinaché)
Bous ran mittat cobourts !...

Lou pichou dé l'éscolo,
Donsén lo forondollo,
Crido bé talomén,
Qué sé dégorgomello !...
È so bouès féménèllo,
Mal ou pla sé mésclén
Ol bruch éstourdissén qué foou los cossoïrolos,
Los cornos, lous sipléch, los daillos, los poïrolos,
Fo, qué dé cad'ooureill', omé lou cap dél dét,
Dé forç' ou dé boun grat, cal topa lou cournét,
Un bocarmé sémblaplé
Emboourorio lou diaplé !
Omaï sous dioplotous.
Dé poou, cabros è fédos,
Démoulissou los clédos,
Oïtal foou lous moutous !...

Lous bioous omaï los baquos,
Né copou los éstaquos.

On lous oousis soouta...
O n'oquél bruch, los poulos
Qué dourmissioou, sodoulos,
Foou pas qué fouléta !...
Lou cat ol pè dél fioc, tronquillé sé coouffabo,
È bitomén courris s'omoga dins lo cabo.
Lou possérat én gabi' éssajo dé boula,
É déforo, lous cos, foou pas qué jongoula !
Tout bouléguo, tout péto,
Un né pért lo cosquétto,
L'aoutré saouto dél lièch !
Lou qué n'o pla d'émbéjo,
Tampla *forrobestojo*
Diquòs o miéjo-nuèch !...

Jun'hommés è fillettos,
Cantou dé consounnettos,
Os futurs moridach.
L'y disou dé béstisos,
Maï d'un cop dé souttisos,
Tampis sé sou fochach,
Per oquì cal possa... n'obonçorioou pas gaïré,
Quand oouroou prou bromat, cadun s'onoro jaïré !
L'usaché ou bol oïtal, è lou cal réspecta ;
O déqué sérbirio dé sé tant enquiéta.
Ès pér réjouisśénço,
Maï qué pér insoulénço,
Qué foou *charribari*...
Ès égal, ès péniplé,
È soubén émpoussiplé,
Dé lou pourré souffri?...

Ès un drôllé d'usaché
Qué n'ès pas gaïré saché,

Perçaqué, pla soubén,
Oquél qué topochéjo,
Ottrapo d'aïgo fréjo,
È s'én bo malcouténé.

Morioun, maï d'un cop, d'ello n'éstén pas méstro
Tout én sorrén los déns, té dourbis lo fénèstro,
Sé corbo douçomén, ottrappo soun *thoumas*,
È, flaou ! lou t'éspondis sur caouqué bromoïras !...

Sans parla maï dèl rèsto,
L'y réfésquo lo bèsto,
Omaï lou copèl noou.
Lo farço's un paouc duro,
Sarro lous pouns, é juro
Qué lo l'y pogoroou !...

Lo coulèro lou porto !...
Bol démouli lo porto
Pér mounta l'éscolié.
Morioun l'o topado,
È pla borricodado,
Om' un pal sémolié !...

Lou paour' homm' és counfus : toutés l'y foou lo niquo.
Un lou tratto dé lach', è l'aoutré dé bourriquo.
L'yn disou talomén, lou foou béni folourt,
Dé coulèro, portis è b' ô l'oustal tout court...

Fumo dé racho, péto,
Sé brondis, s'éspoulsetto,
E dis : « Bièl cornobal ;
» Te crésio pas to falso.
» Lo pogoras, lo salso,
Ou corrio pla dé mal !!

Lo bando topochuso,
D'oun maï crido, s'omuso,

Sé fo tart, mais tampis !
Efans, pastrés, chambrieïros,
Trottou pér los corrieïros,
Lou bruch jomaï finis...
Forioou riré pér forç' oquèlés émbécillés. —
« Cal qué pagou dé bi, lous loïssorén tronquillés,
» Ou sou ségurs d'énténdr' un sémblaplé *sobbat*,
» Diquòs oprès lou jour qu'ell'és oouroou' spousat,..
 » Né cal uné barriquo,
 » Ou garo lo musiquo
 » È lous poulich coupléch !...
 » Oïtal ou bol l'usaché,
 » D'émpocha lou topaché,
 » Dégus n'o pas lou dréch !... »

 Brabés éfans, couraché !
 Lou jour dél moriaché,
 L'y cal fa lous hounous.
 Dilus, o lo coummuno,
 Dé sourél ou dé luno,
 Onoroou toutés dous,
Pér possa lou countrat dobans moussu lou mairo.
Lou jour ès counnéscut, m'aï d'un ès o l'éspèro.
Pér monqua pas lou cop... Podénos, poïrouléch,
Grosso-caïsso, tombour, floütos è sipléch,
 Tout sé délorgoro,
 Quand *Piorrou* ménoro
 Soun bouci dé fénnou !
 Sério bé pla doummaché
 Qu'oprès tant dé topaché,
 Sé diéssou *dé nou!!*...

VII.

N'aï rist! Né riraï!! [1]

(Elégie grotesque.)

ï plourat! Aï roufflat! è plouroraï toujour!
'aï pas pus dé répaous, ni lo nuèch ni lou jour!
ï éséspieï lou moumén qu'uno poulido *Néno*,
ué crèsio d'éspousa, m'o loïssat dins lo pèno!
al mé counsouloro d'oquél cruèl malhur!
h! sé sobias dé qué sé passo dins moun cur,
Té sérias ottristach, è forias diligénço,
ér lou déborrossa d'uno tallo souffrénço!...
oun cur!... Un tal offroun l'o més coummo'n curbél!
é bat talomén fort, qué soullèbo lo pèl!...
ér lou faïré cola, nani, n'és pas focillé,
ou l'y disi bé prou dé démoura tronquillé,
ais, n'éscouto pas rés, l'on dirio qu'ou fo'sprès;
l lioc dé sé colma, courris os quatré pès!...
ï asté saoupré, moun Dious! couro s'orrèstoro!...
é marcho tant dé ban, saïqué s'éstroupioro!...
no pér oburé poou qué débéngué cobourt!...
'énès o moun sécours, è bénès ol pus court,
aoutrés qué sès éstach dins uno tallo péno;
é beïrés, qué déjà, n'aï pas qué lo coudéno!...
ï éséspieï caouqués jours, n'aï pas pùs d'oppétit.
ué manjé, qué qué nou, mé pourto pas proufit!...

(1) Cette poësie a été reproduite par le *Journal de Saint-Affrique* (n° du 11 avril 1877).

Un éspèço dé fioc mé brullo lo pouètrino !...
Oourio rétté bésoun dé caouquo médécino !...
Gno maï d'un qué mé dis : « Un brabé lobomén,
» Té soulochorio pla d'oquél éscaouffomén !... »
..... Ané ! bous truffés pas dél mal qué mé déboro,
È qué mé fo péri dédins coummo déforo !
Sé bési pas lo fi dé tout oquél trobal,
Né débéndraï, tout léou, to séc coummo'n crémal.
Lous qué sés moridach, oqui n'io pas pér riré !...
Baoutrés né coumbéndrés, s'ou mé loïssas tout diré.
..... Un jour dé l'an possat, possén pér lo corrieïro,
Troubèri, pér hosart, *Cotin*, lo courdurieïro !...
Béj'oqui qué sul cop, né souèri chormat !...
Io pas rés d'éstounén, uno tallo booutat,
O caouqu'*émbecillas*, forio grotta l'ooureillo !...
Soun mourré pus lusèn qu'un biél tap dé boutéillo,
Sous uèls toutés négach, coummo lous d'un *coucul*,
Lo blonquou dé so pèl, coulou dé *négréput*,
Dé soun cap tout boussut lo drollo dé tournuro,
D'un aouquo lo démarch' è lo régordoduro,
Dé soun nas rélébat l'ésclat majéstuous,
Soun froun pas mal bonut è pértant donjeïrous,
Soun pial éntourtillat én formo dé troumpétto,
Sos ooureillos dé saoum', è soun cap d'oloousetto,
So gorjo dé trobès, è larjo coummo'n four,
Tout oquo mé pourtèt o l'y faïré lo cour !...
M'ogrodèt otobé, quand dé so boues tant béllo,
Mé dounnèt lou bounsouèr, ol claïré dé l'éstéllo.
Tout moun corps, sul moumén, souèt électrisat !...
Mé sémblét qué caoucun m'obio mognétisat !...
On oourio dich qu'obio lo gorjo touto pléno
Dé *quicon* qué pot pas possa pér lo podéuo...
Créséguéri d'énténdr'uno *cato* mioula,

Ou *fédo* qu'és gomad', è qué pot pas biola!...
Quicon maï sé possèt quand mé birèt l'ésquino,
Olaro, sul moumén, corguèt combia dé mino!
arli sincèromén, nani, jomaï n'aï bist
és dé pus mal *f... outut, è jomaï n'aï tant rist!*...
iguras-bous un paouc toupino déscouado,
Ol cap dé dous bostous touto mal éstocado,
us loquall' oourés més ou bounnét ou copèl.
é lo fosès brondi pèl mouyèn d'un courdèl,
oludoro, tantôt o gaouch' o maï o drécho ;
ouro sé courboro, couro sé téndro drécho ;
n cop oouro lou cap coumm' un *bordou* (1) bridat,
pieï lou boïssoro coummo'n roynàl déscouat,
oun maï lo tirorés, doun maï s'orrénoro ;
n lochén lou courdèl, bîté sé courboro,
'éstocas ol prémié dous aoutrés courréjous,
u'anou, dé cado cap, sérca lous dous bostous,
ital figurorés un bèl *poulichinéllo*,
orfétomén sémblapl'o lo *chormanto bèllo*,
u'o bogat tant è maï, qué m'obio pas bourgut.
ésès toutés, bésès, s'aï grossomén pérdut!...
réségués pas dégus, qué siagu' uno méssorguo.
ibachés dél *Dourdou* dél *Tarn* è dé lo *Sorguo*,
étèntirès bèl briou dé mos tristos consous,
otin m'o pas bourgut!... Qué siou dounc malhérous
Iais, bah! chonjén dé toun... Bibo, bibo lo joyo!
al oourio dé régrèch d'uno poreillo *toyo*?...
s un tal *négréput*, n'aï jomaï fach lo cour!...
aï rist! poudès ou créïré, è né riraï toujour!...

---

(1) Un âne.

VIII.

LOU COPEL DÉ COBILLO
(Épopée.)

Déséspieï qué courriss', aï bist fosso poïs !
Aï bisitat Morseill', omaï lou grand Paris.
    Counnouïssi l'Allémagno.
    Omé lou Pourtugal,
    Sioï onat én Espagno
    È dins lou Sénégal !
Aï bist, béléou dégus n'o pas bist los poreillos,
Dé caousos, qué lou popl' oppello dé *mérbeillos* ;
    Mais, jamaï rés dé tant bèl
    Qué Cobill' è soun copèl !...

Un jour, tout én possén sul fieïral dé Roudés,
Té baou beïr' un moussu pla fricaout, è pla mès ;
    Pourtabo lo lébito !...
    Obio l'ert tant flonur,
    Qué lou préni dé suito
    Pél fil dè l'ompérur !
Èro poulit ! poulit, jomaï pourrias ou creïré !...
Nani, mé poudio pas olossa dè lou beïré !...
    Pourtant, n'èro pas tant bèl,
    Qué Cobill' è soun copèl !!.

Prénès ounté bourrés, un obuclé-noscut,
Un hommé qué jomaï n'ajé pas counnéscut
    Lou *bèl* dé lo noturo,
    È mettès-lou dobans

Oquéllo créoturo.
Crésès, baoutrés éfans,
Qu'én béchén oquél homm' él s'émpacho dé riré ?
Né séro tout robit, è l'oousirés sé diré :
« Oquòs quicon dé pla bèl,
« Qué Cobill' è soun copèl !!...

Qué n'o pas bist jomaï Cobill' è soun copèl,
N'o pas éncaro bist cè qué l'io dé pus bèl.
És caouso curiouso,
Curiouso, qué n'io pas,...
Uno fenn' omourouso,
S'én grottorio lou nas !
Mais, él sé fo pas beïr' os uno tall' énjénço
D'oquel *trasso dé popl'* (1) ébito lo présénço,
Cépéndén, rés dé tant bèl
Qué Cobill' è soun copèl !...

Oui, Cobill' ès poulit, mais, malhurousomen,
És un paouc trop potaou, marcho trop douçomén.
O'n diaplé dé bédéno,
Grosso coummo'n toünnèl.
È l'o talomén pléno,
Qué l'y forço lo pèl.
Quand marcho, poulso' spés, rénifло, péto, buffo !
O lou mourré pounchut, lou nas coumm'uno truffo.
És surtout poulit ooussèl,
Quand pourto soun grand copèl !!...

« Cobillo, gar' o tu ! Sé fosios un faous pas !...
» Toumborios tant dé ban, qué t'én léborios pas.

(1) Ce drôle de personnage, avouant à l'auteur son anti-
athie pour le sexe, lui disait un jour : qu'il préférerait
ler avec le diable que de regarder une femme.

» È s'obios lo couliquo ?...
» Té corrio pér lou méns,
» Uno pléno borriquo.
» Pér fa dé loboméns.
Quicon dé pla curious sé té poudios pas tèné,
Pér lous t'odministra, cal boudrio té soustèné ?
Dabans quicon dé tant bèl,
Corrio lèba lou copèl !!...

Cobillo !... Drolloméń qué lou t'oou botéjat !...
Él qu'és déjà tant gros qu'un bioou quand és coufflat.
Cobill', oquo fo rirè !...
Toporio'n brabé traouc !...
Es pus justé dé diré :
Roul d'aoubré pér fa'n naouc !...
Coussi qué l'oppélés, él mostro pas fomino,
Sé n'és pas pla goillart, o toujour bounno mino.
Fo rir', és quicon dé bèl,
Quand o corgat soun copèl !!...

Ooussèls, s'obès bésoun, pér bosti bostré niou,
Dé trouba dé bésougn', opprouchorés bous d'iou ;
Bous moustroraï Cobillo ;
O lous pialsés pus louns
Qu'oquélès d'uno fillo.
N'io dé négrés, dé blouns,
Dé grisés, dé roussèls, n'io qué sémblou d'éstoupos,
Bénès, n'ojés pas poou, bénès o bèllos troupos,
Beïrés quicon dé pla bèl,
Quand quittoro soun copèl !!...

Cobillo ! toun copèl m'o fach riré soubén,
Maï d'un cop aï pénsat, qué sé jomaï lou bén

Dél cap lou té désquillo,
Lou tournos pas trouba ;
Rétté coummo'no billo,
Té pourras pas courba.
Mais, l'y pèrdras pas gaïr' És bièl, ol cap dé courso,
Tén coustoro, moun dious ! dé déssora lo bourso
Pèr croumpa' n'aoutré copèl,
Mais oouméns, séro pus bèl !...

IX.

ROQUOFORT !

Pér déjoust un grand roc tout moculat pél téns,
È naout, o bisto d'uèl, dé bint cannos, lou méns,
Ounté l'aclo, grand ref dé touto l'ooussélado,
Sé plaï d'ona soubén éstopli so nisado.
È qué mostro l'ospèc d'un éprénaplé fort,
Déspieï maï dé mill'ans, és bostit Roquofort (1).
Obans qué d'éssojà dé faïré lo pintruro
Doquél sîté curious, oïmat dé lo noturo,
Rémorquaplé, superb' o forço d'èssé lourt,
Nous cal prégua Phébus dé faïré pas lou sourt,
Os émpourtunoméns d'un trasso dé *rimaïré*,
Qu'ou mét tout dé trobès créséguén dé pla faïré.
O lo mus' onén-noun léba nostré copèl !...
Fillo dél Débézou, baï quitta toun montèl,

(1) Voir les mémoires de *Bose* sur *l'histoire du Rouergue*.

4

Saïqués l'hibèr possat t'o pas ènrooumossado,
Ol pouën dé pourré pas boïla caouquo buffado.
Dobalo, sé té plaï, bèni mè ségounda,
Oquòs pél prémiè cop qué té baou soluda.
Dounc, pér ièou té sios pas jomaï pla dérénjado,
Sé bènés, onorén faïr' uno posséjado,
O n'oquél Roquofort, poïs dé grand rénoun,
Omaï qué n'ajé pas dé poulit qué lou noun.
Bisitorén un paouc sos cabos rénoummados,
Lou printéns è l'éstiou coummo cal fréquontados,
È tout én trobérsén oquélés soustorréns,
Ou sério pla troumpat, possorén dè boun téns.

Péndén qué lous Roumèns hobitèrou lo *Gaulo*.
Pénsèrou pas toujour o fa lo forondolo,
Lous trobals qu'oou loïssach ottèstou dignomén,
Qué s'occupèrou pas gaïr' inutillomén.
È qu'ojèrou pas poou dé fa dé socrificés.
Élébèrou dé forts è d'aoutrés édificés,
Supérbès è tant pla soulidomén bostich,
Qué cap d'hommé jomaï béïro pas démoulich.
Sé moustrèrou sobéns én fèt d'orchitécturo,
È proufitèrou pla dés douns dé lo noturo.
En soundén dins lo terr' oou soubén déscoubrit
Dé curiousétach, è n'oou tirat portit.
Sans élés, Roquofort sério démourat trasso ;
Sans élés, n'oourio pas bélèou troubat lo plaço,
Qu'én Franç' è dins l'éstrang', occupo pél moumén.
Lou rénoun qué s'és fach, bo toujour én gognén.
Onas ounté bourrés, cadun dins soun léngaché,
Parlo d'oquél poïs, pourtant n'és qu'un bilaché !

Situat ol-déssus dél nibèl dé lo mar (1).
És oqui qu'aoutrés coch/, lous souldach dé César (2),
Éstounnach én béchén uno tallo roucado.
Onérou débigna qu'èro toulo booumado,
E qu'omé dé trobal sé tirorio proufit,
D'un sol obondounnat, qué sémblabo mooudit.
Lou succès bénguèt léou courounna l'éntrépréso,
Ol cap dé caouqué téns, lo countrado surpréso,
Prénguèt oquél éndréch én counsidérotiou.
È l'y foguèt corga grando réputotiou.
L'industrio gognét, omaï l'ogriculturo,
Dé sorto qué lo terr', én combién dé poruro,
Ol loouraïré robust' è pénipl' ol trobal,
Monquèt pas, én rétour, dé proudui coummo cal !
O dé supérbés camps, pér bîté faïré plaço,
Lous bossés d'oléntour toumbèrou jus lo piaço ;
Piey, omé l'oïssodou coummo cal déstrossach,
Dé tréfflo, d'ésporsét, souèrou séménach ;
È lou printéns d'oprès, un troupèl dé *noubellos*,
(Oïtal o moun poïs oppellou los ognèlos).
Pousquèt l'y s'éspondi péndén un brabé briou,
È l'y païssé déjà lo mitat dé l'éstiou,
O forço dé susous, dé pénos, d'énquiétudo,
O l'oïral d'un bortas, lo bounn' hèrb' és béngudo.
Lou poïsan oïsat, tant pla qué lou fèrmiè,
Dé boun moti, dél liéch, o sooutat lou prémiè,
Ol lioc dé s'omusa soubén o pas rés faïré,
O corréjat dé féns, o fach morcha lo laïré,
Lo chorruo, lou pic, l'oïssado, lou bigos,

(1) Roquefort est situé à 774 mètres au-dessus du niveau de la mer.
(2) D'après certains auteurs.

Otobé lou bésèn qu'o pas lou béntré gros !
És onat o lo jass' ossoulida los clédos,
Pér millou sépora lous moutous dé los fédos,
Cado jour o bourgut bésita lou polié,
E l'oou bist maï d'un cop, dobola l'éscolié,
Énquièt è trocossat, pérçaqué lou fourraché
Pél bésoun dél troupèl fosio pas prou d'usaché ;
O soun pastr' o proumés lou pus poulit ognèl
Ou dé boïla l'orjén d'un supèrbé copèl.
Oquésté manquo pas dé sé dounna dé péno,
È fo maï qué noun pot, pér mérita l'éstréno.
Ol lioc dé pèrdré téns òs ona fa lo cour,
Sé bo jaïré pla tard, sé lèbo dobans jour,
Pér ona bîtomén faïr' un tour o lo jasso,
È sé méttr' ol courén dé cè qué l'oï sé passo...
... Lou coummerçé dél lach paouc o paouc o groussit,
Maï d'un qué l'o' ntréprés, n'o pas mal réussit,
È d'oun maï s'és tirat rébéngut dél froumaché,
D'oun maï lou compognart n'o fach béni l'usaché...

... Tournén o Roquofort, è né sourtién pas,
Sans l'oburé déscrich dél naout jusqu'os én bas.
... Aï dich qu'èro ploçat ol pè d'uno roucado,
Qu'o bisto d'uèl, o pla maï dé cént pans d'ooussado,
Io d'oustals fort anciéns, bostich soulidomén.
On né beï un troupèl fachés noubellomén.
Omaï qué siagou pas counstruich om' éléguénço,
Préséntou cépéndén prou poulid' opporénço ;
Sè l'art n'o pas sércat o lous faïré poulich
N'oou pas méns pla d'éscuhcs, lous qué lous oou bostich.
Lou sol és trobérsut, è fo qué los tioulados,
Dé luèn, uno sus l'aoutr', oou l'èrt d'èssé ploçados.
Nio maï dé los trés pars qu'ogachou lou léban.

lous qué sous birach dél coustat dél couchan,
Podou pas qué reçaoupr' uno lumieïro soumbro,
érçaqué lou grand roc lous coubris dé soun oumbro.
ou sourél, tout l'hibér, lous toco pas soubén ;
tobé lous fioch s'otudou raromén...
ou bén caout dél mari tout éscas lous oliso,
ais, cado cop qué buff', ottrapou pla lo biso,
ou bilach' én éntié n'est bist qué pér-trobès,
ormis d'essé plossach dél coustat dél trobès,
os *Costos*, dé soun noun, bilèn trasso dé sèrré,
Qu'ès tròbérsat ol founs pér lou comi dé fèrré...
Quand on sé mét én faç', on ès pus sotisfach.
n beï lous bostiméns, coussi lous oou plossach.
On rémarquo bél cop (omaï qué tout ou dio),
Qu'én lous foguén, n'oou pas gordat lo symétrio,
qu'oou pus lèou sércat o pourré proüfita,
'un sol qué lou coummèrç' ès béngut esplouéta,
ous oustals situach daous lou cap dél bilaché,
émblou d'oburé fach un boussi maï d'usaché
ué lous dé pér déjoust ; sou d'aillurs pla pus biels.
mé maï d'otténtiou, sou bostich lous noubèls,
rèsqué toutés plossach sur bord dé lo grand'routo...
os éstachos d'én bas sou maï qué maï én bouto
ostid' omé dé *tuf* (1), roc tout-o-fèt loougiè,
ué tén fermé, soulid' omé paouc dé mourtiè...
o peïro pér obanç' ès touto préporado.
m' un ooutis éspres, l'on dirio qu'és rèssado...
éjoust oquello bout' on séntis un courént
'un èrt (2) paouc solutous on oquèl qu'ès susént ;

(1) Espèce de pierre ponce que l'on extrait à 1 kilomètro
nviron de Tournemire.
(2) Fleurines, fissures dans le roc.

N'io maï d'un qué n'o fach lo trist' éspérienço,
Pér oburé bourgut péca pér émprudénço.
És dongieïrous ol corps, mais d'un aoutré coustat,
Sé tiro plo proufit dé so grando bountat...

⁂

L'hommé pért pas toujour ò faïré d'obénturos...
Obans qué dé dintra dins los cabos éscuros,
Ounté l'on counnouïs pas ni lo nuéch ni lou jour,
Ol méstré dé l'oustal nous cal diré : bounjour ;
Nous préstoro lou lün... Ou nous cal tout pla beïré...
Piey, tampis pér oquèl qué bourro pas nous creïré...
Sé poudén coummo cal né fa lo déscriptiou,
Muso, s'én parloro péndén un brabé briou...
Té recoummandi pla dé faïré pas lo méïo !
S'onabos, pér malhur, té mettré dins l'ideïo
Qué s'én dins un éndréch hobitat pér lo Poou,
Sérian bé pla poulich ! Toutés s'én trufforioou...
Roncountrorén puléou caouquo *Féo* chormanto.
Pértout lou bruch courris qué maï d'une soï canto...
Mais sé nous dis pas rès, l'y coumméncorén pas,
Aoutromén, sé pourrio qu'ottroppéssén sul nas...
Sul noumbré n'io toujour qué sou pas dispoousados
Pér tal ou tal curious os essé trocossados...

⁂

O lo clortat dél lun, onén ol pus proufoun,
D'oquél traouc qu'ès curat è tant larg' è tant ploun
Dins un roc pla brutal qué n'o pas gaïré mino
Dé sé loïssa mourdi qu'o bélés coch dé mino !
Dobolan !... Mais quicon, Muso, glisso jus pès !
Sé pér malhur fosian caouqué pas dè trobès,
Pourrian toumba pél sol è nous coupa lou mourré.

Sérian bé pla plantach sé pieï poudian pas courré...
Prénguén lou téns o l'aïs', onén poòusadomén.
Oïtal pourrén millou beïré lou moubémén
Qué sé fo dins oquell' éspèço dé démoro.
Piey, quand oourén tout bist, noun tournérén déforo.
... O pêno sus lo port' obèn fach un soul pas,
Qu'uno forto séntou nous corésso lou nas...
È doun maï obonçan doun maï lou goust oouménto.
Dèl pus naout éscolié nous trouban sus lo pénto...
Dèch n'obén dobolach, qué naoutrés roncoutran
Lo caouso dé l'oudou qué pus naout séntissian.
Sus d'éstachos én bouès soulidomén coustruidos,
Ê dèl cap jusqu'ol founs coumplètomén gorridos,
Té bésén dé froumach' éncaro tout noubèl,
Qué bénou dé bira tout aro dé contél (1).
L'obioou péndén huech jours loïssat dins lo solado.
Sèro pas préporat qué dins uno mésado.
Coumménço tout éscas dé chonjà dé coulou.
Io pas qué quatré jours qu'ès sus l'éscouloudou.
É dins ooutant dè téns lou mudoroou dé plaço,
Olarò trioroou lou poulit dèl pus trasso.
Uno ma dégourdid' ormado d'un coutèl
Béndro prémieïromén l'y roscola lo pèl.
Oquo sèra lo ma d'une brabo fillétto
Fach' on oquèl trobal, poulido, fricooudetto,
Qué pér l'y beïré clar n'o pas bésoun dé lun.
Cé qué roscoloro noummorén *rébérun*...
Oquél roscolodun pél béstial sé proufito ;
Mais, én s'én opprouchén, on ès foursach désuito,
O sé topa lou nas omé lou moucodou.

(1) Voir le *Tour du monde*, journal des voyages, par M. Charton.

Dé cént passés dé luèn, boutas, sé séntis prou !...
« Tu, qu'as lou goust tant fi, doumoïsello lusénto,
Coussi pos suppourta l'oudou tant suffouquénto,
Qué réspiros toujour én foguén toun trobal ?
L'éstoumac, mé porés qué té diou faïré mal,
Ou pla joubé l'y sios éstad' occoustumado ?...
... Aï troubat lou fin mot... Sios trop préocupado
Dé faïré toun méstié... Cal sap ? Bélèou toun cur
Pénso tant on oquèl qué bol fa toun bounhur,
Qué soubén crésés pas d'hobita sus lo terro...
Corrio lou bruch del tron ou d'un conou dé guerro
Pér té pourré tira d'oquèl rèbé d'omour,
Qué t'occupo l'ésprit è lo nuéch è lou jour !... »
... Nous coupén pas lou cap dés offairés dés aoutrés,
Muso, morchén, morchén, sè trufforioou dé naoutrés.
... Sén dins lou més de jun, d'oun maï doboloren
L'èrt, paouc o paouc pus fresqu' è pus biou séntirén.
D'ounté bén oquèl bruch ? Obal, foou lo musiquo,
Aro béni d'entendr' uno bouès mognifiquo !...
Cal és oquo, cal sap, qué d'un soun tant ouèyous
Pot chorma lous *echos* d'oquèl séjour offrous ?
Oquòs proubaplomén lou cant d'uno *Sirèno*,
Qué nous bol réjoui... N'io dé maï d'uno méno :
D'unos, dins l'oncien téns, chormabou talomén
Lous matéloch én mar, qué maï d'un bostimén,
Ol moumén qué crésio d'obourda sul ribaché
Pér los bourré éscouta soubén o fach nouffraché.
Pot ou créïré qué bol... (oïtal lo fapl' ou dis...)
Mais lou téns o chonjat... Los dé nostré poïs,
N'oou pas réputotiou d'èssé tant rédoutaplos.
Omaï qué cantou pla, los crési pas copaplos
Dé fa bira lou cap o caoucun dé sérious,
Pourtant oou d'hobitud' un léngaché ouèyous...

īmou dé cocquétta, dé s'omusa, dé riré,
ais n'obén pas lou téns... Possén sans rés lour diré,
Oîtal risquorén pas dé nous faïr' ottropa.
s égal n'obèn pas bésoun dé golouppa...

            ⁂

O bint mèstrés pus bas, besèn d'aoutros éstachos,
Coummo los dé déssus égalomén sou faehos.
é froumaché déjoust, déssus è pér coustat,
ér lou faïr' éstourra , l'oou tout ocontélat.
 pieï, tout un troupèl dé fénnos è dé fillos,
 él sèxé fino flou, dégourdidos , jontillos,
ué trépou dins oquél noubèl coumportimén.
 s poulit dé los beïr' ogi tant lèstomén.
aillurs, los pagou pas pér fa lo *potontéllo*,
ortou toutos dobans un grand fooudal én télo ,
ach om' un boborèl è fobriquat éspres,
ér los pourré pora dél cap jusquos os pès....
hacun' o soun trobal è lou fo sans parésso,
eillén dé péca pas pér trop dé malodrésso,
s talomén sénsipl'!... O poou qué l'Emplouyat,
ué pér los surbeilla tout éspres ès pogat,
out én sé posséjén, trobé quicon o diré,
urtout s'ès un goillart qu'aïmé pas trop dé riré ,
ntr' éllos barjou prou, mais sans sé dérénja,
os unos, cado jour foou pas qué corréja
ou froumaché qué bén... Quand lo pésad' ès facho,
 qué l'oou réssochut, *Morionnou* sé déspacho
é né prén' un brossat è dé lou fa possa
n oquello qué sap ounté lou cal ploça.
ésès coussi courris, bésès coussi potino ,
ér n'ona querré maï ! Lou coummis l'exomino ,
ant qué l'ogochoro, l'y foro tout dé bou :

Marcho lou cap quillat è piquo dél tolou ;
Es noubell' ol mestié, n'io dé pus rénoummados,
Ello bol ottroppa los qué sou pla pogados...
És préssad', ès égal, tout én sé déspochén,
Cal qué dié soun mot (surtout sé l'y coumbén),
On oquél qu'ès quillat oboûn, sus lo corrétto,
Sé l'y réspon pas rès, s'én torno pla mouquétto...
... Sou cinq, déch, quinzé, bint, pér faïr' oquél trobal.
È boutas, n'iò pas cap qu'o lo léngu' ajé mal...
Entr' éllos manquou pas dé sé fa dé guignados,
Dé poulich coumpliméns... Tampis quand sou fochados,
— « As lous tolous trooucach ! Pèrdés lou coutillou !
— « Marcho, faï toun méstié, trasso dé sooumillou.
« Qué sémblos qu'as possat quatré jours dins lo sourro ! »
Gaïré maï finirioou pér sé prén' o lo bourro !...
Mais lou coummis sé mostr' è pér méttré lo pès,
Té biro tout éscas l'uèl gaouché dé-trobès...
— « Oquél trasso dé lourt, qué lou diaplé lou prénguo,
En sicrèt, dis *Bélou*, qué sé mourdis lo lénguo,
D'oburé pas lou téns dé résponé soun mot,
Coummo cal oppliquat, o Cotin dé Morgot,
Qué bén dé l'y crida : « — Marcho, cap d'oloousetto,
» Dé noun omaï dé fèt, bouto, sios pla Jonnetto ! »
... Paouré coummis té plagn' ! As drollo dé founctiou,
L'y pos béléou trouba caouquo sotisfoctiou...
Mais l'o t'embéji pas... Sé gagnos poulit gaché,
Sios soubén oublijat dé t'orma dé couraché.
Lou sèx' és tant coput qué bous forio domna.
Sabi pas coussi fas, tu, pér lou goubérna !
Sios noscut tout ésprès, è lo Souciétat
Té régrettoro pla quand oouras tréspossat...

Ah çà, mais, dé qué fas? Sios pla distracho, Muso ;
Mé laïssos morcha soul ? Paouc dé caouso t'omuso ;
Io dos houros déjà qu'obén pas bist lou jour.
Ané, déspochén-nous dé fini nostré tour,
Ogochén pas toujour oquèllos oubrieïros
Né bos saoupré lou noun ! Los nommou : *Cobonnieïros.*
Exominén pourtant coussi foou lou trobal,
É nous cal pla garda dé né diré dé mal...
... Èn naout déqu'obèn bist ? dé rénguos dé froumaché,
Qué bénio soulomén dé sourti dél solaché.
Oïci né trouban maï dé quinzé jours pus bièl,
Qu'ès tourna dejà prèst' o possa pér coutèl.
Présént' o so surfaç' un éspèço dé barbo,
Roujouso dé coulou : l'oppeloroou *rébarbo* (1).
Né fourmoroou dé pas d'un porél dé kilos,
En détal lo béndroou, pla pus soubén qu'én gros

Dé m'én tourna défor' aï un bésoun extrèmé,
Qué dobolén pus bas, toujour sèro cè-mémé...
Dé froumaché pértout, prèst' ou mièch oppréstat,
Oquo dépén déspieï couro l'oï l'oou pourtat.
Dé fénnos, tout un fun qué foou monto dobalo,
Pér lou trigousséja... D'unos sus un' escalo,
Sou quillados esprès pér lou pourré ploça
O mésuro qué boou lou l'y faïré possa.
L'occupotiou dé tall' omaï tallo filletto,
És dé pourta *gogét* (2), poniè, paillo, coïssetto,

(1) M. Lamothe, pharmacien et chimiste à Saint-Affrique, a particulièrement étudié les réactions qui transforment la pâte du fromage.

(2) On donne ce nom à des caisses à jour, destinées à recevoir le fromage.

E dòu mettré pla prèst' os ona bouyocha.
Lou froumaché pésat, déch sé boou déspocha
Dé l'orrénja dé biaïs, qné péndén lou bouyaché,
Risqué pas d'ottropa lou pus pichot doummaché.
L'émbollach' és fiuit, è lou commiounur
Bén om' un portofaïs, hommé pénipl' e dur,
Qu'ò lo pougno robust' è l'ésquino soulido,
(O fach oquél méstié déjà touto so bido),
Otobé péno pas quand ottrappo 'n gogét :
Tal l'y mèt los dos mas, èl l'y suffis d'un dét.
Dins noun pas rés dé téns o corgat lo corrétto,
Oppréstou lous chobals... Un, dous coch lou fouét péto,
L'ottolaché portis, è bo cal sap onount :
O Lyoun? o Poris? béléou dins lou Piémount.
Ès oïtal cado jour, sèt mésés dé l'onnado,
Lo cabo qu'obén bist és férmé rénoummado,
Toutos oou paouc ou prou mêmo célébritat.
Lou froumaché n'o pas tout lo mêmo bountat.
Déqué dépén oquo ? Maï qué maï dé l'hérbaché,
Piey so préporotiou démando 'n paouc d'usaché ;
Lo cabo o lo bértut dé l'y dounna dé près,
Loï lou portou tout frésqu' è dins un més oprès,
Un quintal né bal dous. Otobé fo pas péno,
O tal industriél qu'o lo bourso pla pléno,
Dé né fa lou coummèrç' è l'y pèrt pas soubén.
Lou brabé poïsan, òs un boun près lou bén...
Donn maï l'y fo proufit è doun maï él s'éscrimo
O rompli soun torrénc dèl founs jnsqu'o lo cîmo,
Dé trefflo, dé luzèrn' è dé pla d'ésporsèt.
È sé piquo d'oburé un brabé troupelèt,
Qué l'y roppourtoro froumach', ognèls è lano.
Lo mountagno, tout léou, pourro maï qué lo plano.
Déséspieï caouqués ans o troubat o prépaous

D'engroïssa soun torrénc én l'y méttén dé caous,
È pér oquél mouyén fo béni dé fourraché
Pér nourri lous troupels. Oïtal o dé froumaché,
Qué port' o Roquofort. Nostré déportomén,
Quanté grand rébéngut né tiro pél moumén !
  ér maï dé *bint milliouns*, d'oprès lo stotistiquo,
  oquofort, dins un an, dé froumaché trofiquo !
)é méstré maï d'un cop sos cabos oou combiat.
Sou pas toutos dèl mémé... Uno Souciétat (1)
  'hommés éntelligéns coummo cal coumpoousado,
  ésespieï caouqué téns porés qué sés corgado
  'ésplouota pér soun compté, ê saïqué l'y pert pas,
Los *Cobannos* qué sou daous lo cîmo dél *mas*.
Omaï qué *Roquofort* siagué pas uno bilo,
Lou qu'ò pér s'omusa, l'oï sé fo pas dé bilo...
  o d'éstoplissoméns passaplomén ténguch,
  Qué démandou pas maï qué dé gogna d'escuch !
Quand és pla lo sosou, dins toutos los corrieïros,
  n roncontro pértout, corréttos, jordinieïros,
Pér prén' ou pér pourta béngudos tout ésprès.
Dé caïssos, dé gogéch, én lonc è pér-trobès,
  pieï un régimén dé fénnos éstrongieïros
Qué foou dins lou poïs méstié dé *Cobonnieïros*.
Oou quittat soun oustal pér perdré pas lou téns.
Orribo qué l'oï n'o soubén cinq ou sieïs céns.
Dé qu'aï bist ! Un bodal ! Saïqués lou téns té duro,
  uso, dé t'én ona beïré dé lo noturo,

(1) Le directeur, M. Coupiac, homme actif et intelligent
été médaillé pour la bonne direction qu'il a su donner à
a *Société des Caves réunies*. Il l'a dotée d'une machine à va-
eur qui triple le travail de la manipulation du fromage.

Los tant poulidos flous, qué bénou d'éspéli,
Ournomén fach ésprès pas qué pér l'émbéli.
S'oquo t'én dis, baï-t'én, ogreaplo coumpagno,
Réspira l'èrt tant pur dé to naoùto mountagno !...

X.

Oï! qu'és poulit!!....

(Satire.)

Bénès, bîté brabos filléttos,
Baoutros qué sès tant poulidéttos !...
Opprouchas-bous, n'ojés pas poou,
Bous moustroraï quicon dé noou !...
Tordés pas, fosès diligénço,
N'ojés pas cap dé méfisénço,
Toutos oquéllos qué béndrés,
Pla counténtos boun tournorés !...

Pér millou fa bostro touolètto,
Sourtissès bîté dé lo bouètto,
Codénos d'or, omaï péndéns !...
Corgas d'éscorpins pla luséns ;
Quand bous sérés mésos pla bèllos,
Pieï, brillorés coummo d'éstèllos !...
Pér bous ornésca coummo cal,
Ploça bous dobant un miral !...

Pér qué lusié sus lo suquo,
Dé musc, ounchas bostro pérruquo.

Entourtourtillas pla bostré pial,
Coummo pér un grand fésténal !...
Om' uno torquo pas trop duro,
Sobounnas fermé lo figuro.
Pér fa lusi lou cap dél nas,
Fréttas-lou pla dél naout én bas !...

Ané ! cal pas faïré los sourdos ;
Bénès ol cop, béllos è lourdos,
Én pus grand noumbré s'oï béndrés,
Doun maï s'oï bous omusorés !...
Qué los-unos ménou los aoutros ;
Cal qué dé luèn parlou dé baoutros,
È qué bostré noun répétat,
Démor' o lo poustéritat !...

Qu'én orribén lo pus couquétto,
Métté lou dét o l'ésquiletto...
O lo porto dé moun costèl,
Béïrés pénjat *un blanc courdèl* (1)
Omaï souès pas counnéscudos,
Boutas, sérés pla réssochudos ;
S'oï bous ogrodorés bé tant,
Qué né boudrias soubén aoutant.

(1) Un jour de fête de Noël, l'auteur va chanter au lutrin. Il traverse l'église d'un pas grave et solennel ! Mais, o reers ! Le cordon de son caleçon se balance gracieusement ur le *postérieur* de sa *révérence*. — Quelques grisettes, aussement recueillies dans la maison du Seigneur, veulent e plaisanter et le tourner en ridicule. — Il leur répond ar l'invitation *ci-dessus*.

Té ! béj' oîci *Morgoridétto* !...
Oï ! quagno mino fricooudétto !...
O corgat soun poulit copèl,
Otob'és quicon dé pla bèl !
Oprès éllo, marcho *Morio* ;
Moun dious ! oquést' omaï qu'ou dio,
N'o pas lou mourré gaïré lis,
És égal, bésès coussi ris !...

Omaï qué siasqué pas poulido,
N'o pas méns l'èrt pla dégourdido,
È d'oburé fosso toupét !...
Bésès, s'o pla fach lou truffét !...
Sé n'èro pas tant picoutado,
Caououn l'oourio déjà spousado ;
O lou nas talomén trooucat,
Qué tout lo laïsso dé coustat...

Bési béni lo courdurieïro,
Qué n'és pas gaïré lo dornieïro
Quànd és quéstiou dé trop blogua.
Orribo sans sé fa prégua.
Éfans ! oquo's arò qué passo !....
Bésès-lo, trobèrso lo plaço,
O lou cap coummo'n éstournél,
Soludas quicon dé tant bèl !...

Présénto pas pla tristo mino,
Mais, sémblo pas qu'uno toupino ;
Dé soun noun, mé soubéni pas,
Pér escaïs, l'oppellou : *pétas*.
Courduro pla, mais ou dégaillo,
Én bourguén trop piqua lo daillo ;

Ottropporo quicon sul nas,
S'oquél coummèrcé finis pas!...

Marcho bé tant, qué déjà trotto ;
Déqué l'y faïr', ès *courto-botto ;*
Oquo's égal, s'oï séro léou,
Béntré dé sard' ou dé borbèou !
Orribo talomén pimpado,
Qu'ol prémiè rénc séro ploçado !...
Couraché ! O moun émbitotiou,
Toutos béndroou sans éxéptiou !...

Mé foroou pas uno surpréso ;
Dèspieï bèl briou, lo nappo's méso ;
Podou dîna toutos ol cop,
Pénsi pas qué gn'àjé dé trop,
Aï préporat prou dé pitanço.
Pér lour fa faïré pla boumbanço.
Los ploçoraï dins lou *soloun,*
Pas dins lou long, mais dins lou *roun* !...

Dintras, dintras, mosdoumoïsèllos,
Bous joïnés pas, prénès dé sèllos,
È démondas cé qué bourrès,
Lèstomén sérbidos sérés !...
Dé qué boulès? Dé counfituros?
N'aï dé mollos è dé pla duros ;
Aï dé boumbouns è dé biscuich,
Ome caouqués *pérous* couffich !...

Ténès ! poudès légi lo carto,
E sé bostro bisto s'éscarto,

5

Aï un lourgnoun fach tout ésprès,
Pér beïré pas rés dé trobès !
Démondas, n'ojès pas crénto ;
Uno soulo dé mal counténto,
Forio tort o lo prouféssiou,
Qu'éxerci déséspieï bèl briou !...

Bous podi sèrbi dé.... solcisso (1),
È pér déssèrt, dé régolisso !...
M'oou pas énségnat lou mèstié.
Ès égal, faou boun postissié !...
Amaï qué n'ajé pas lo mino,
Boutas, sabi fa lo cousino.
S'oï tostorès dé postissous !
Sou pas carés, è sou pla bous !

Coussi béndrias pas randr' hoummaché
O' n'oquél tant poulit bisaché
Qué sé tèn toujour omogat,
Dé poou d'èssé trop mochugat
Pér lous poutous è los brossados ?...
Baoutros sérés los préférados !...
Proufitas-né, qué né riraï,
È pieï, o d'àoutrés ou diraï !...

---

(1) Imitée de la vraie *Hypochrène*, de Peyrot.

XI

OUSSU DÉ GROS È JONÉTOUN

(Dialogue comique.)

—

M. DÉ GROS.

Ma bonne Jeanneton, ta manière de faire,
Depuis quatre ou cinq jours, ne peut que me déplaire,
Quand je veux te parler, tu ne me réponds pas.
Tu t'enfuis, secouant et la tête et les bras.
Du matin jusqu'au soir tu parais mécontente.
Non, ce n'est pas ainsi qu'agit une servante.
D'où te vient, s'il te plaît, tant de prétention ?
A ton maître tu dois respect, soumission.

JONÉTOUN.

N'obès coupat lou cap omé bostré froncés.
Bous aï dich prou soubén qué coumprénio pas rés.
Cè qué mé disias… Dé bostros borgouillados,
Aï, déséspieï bél briou, los oouréillos coupados !…
Orlas-mé lou potouès, olaro réspoundraï.
Daillurs, déqué boulès ?… M'énnuyas, è pas maï !…

M. DÉ GROS.

Allons, mignonne, allons ! un peu de patience.
Réponds-moi poliment, je te promets d'avance,
De ne rien négliger pour ton contentement,
Et s'il le faut, j'irai te trouver un amant.

JONÉTOUN.

N'aï pas bésoun dé bous, fosès bostro priéro,

È portissès ol liech, aoutromén dé coulèro,
Bous sécouti sul nas lou cooufiè dél floc.
Sé sès pas innoucént, boun manquo'n brabé floc !...

M. DÉ GROS.

Toujour de mal en pis !... Sottise sur sottise !...
Pourquoi donc te fâcher d'une pure bêtise ?
Je prends ton intérêt, je parle en ta faveur,
Et voudrais à tout prix assurer ton bonheur,

JONÈTOUN.

Moun bounhur ?... Ané dounc ! Qué né sès pas copaplé
Sès bé trop incoustén, trop grigou, trop hoïssaplé !!
N'aï pas counfiénç' o bous, é pér bous ménti pas,
Possas dins lou poïs pér un grand blogoïras !...
Bous aï dich qué m'obias déjà ficat d'un caïré
Onas, onas ol liech lou bous béni dé faïré !...
Bous ou disi tout dréch, bal pla maï qué colés,
Ou blogas sé boulès, mais gognorés pas rés !...

M. DÉ GROS.

Quoi ! serait-il donc vrai que le plus doux langage
Ne puisse pas gagner celle dont je partage
Les peines, les soupirs,... que ma protection
Fait vivre dans la paix, la consolation ?...

JONÈTOUN.

Porlas o mous tolous qué m'obès issourdado.
Basté déspieï dous ans m'ojéssés pla pogado.
Ieou mé soussiti pas dé bostro proutéctiou.
Én bous n'aï pas troubat grando sotisfoctiou.
Démandi soulomén qué mé pogués lou gaché,
Dé boun faïré codèou sério bé trop doumaché !...

M. DÉ GROS.

s gages sont payés, même avec intérêts.
courbes sous le poids de mes nombreux bienfaits !...
je suis très-surpris que ma sollicitude,
rencontre chez toi que noire ingratitude.

JONÉTOUN.

s tant dé coumpliméns... Un boussi maï d'orjén,
mi maï lous éscuch (parli sincéromén)
é lous pus bèls discours d'un trasso dé pogaïré.
s m'obès l'èrt d'oquél, mé troumpi pas dé gaïré.
prouméttés toujour è jomaï boïlas pas.
irés pér mé fa mounta lo mousqu' ol nas !...

M. DÉ GROS.

langage, à la fin, irritera ma bile.
endant, tu le sais, je suis d'humeur tranquille.

JONÉTOUN.

chas-bous sé boulès, disi pla lo bértat.
quo's oïci bous aï coummo cal counténtat.
is o téns o béni, séraï pas innoucénto
mé tant trocossa, pér éssé pas counténto.
mmo forés, foraï, parli pér tout dé bou.
sèrés pas surprés, qué bous ou disi prou.
u trobal mé put pas, m'o pas jomaï fach péno.
is quand aï troboillat, aïmi lo bourso pléno...
s qu'obès d'éscuch o bostro discrétiou,
s coupas pas lou cap, fosés pas otténtiou,
é pot pas n'éss' oïtal d'uno paouro sirbénto,
é trimo cado jour, ol pouén d'èssé dolénto.
maï qué dé rosou dé mé faïré pogua.
'obès qu'o lo fi m'olassi dé prégua.

M. DÉ GROS.

Le travail que tu fais est de peu d'importance,
Et ne peut te causer une grande souffrance.
Préparer le fricot le soir et le matin.
Faire le lit, la chambre, arroser le jardin,
Donner la soupe au chien, essuyer la vaisselle,
Panser mon beau cheval, lui mettre bride et selle,
Soigner la basse-cour et tout l'autre bétail,
De tes occupations, voilà tout le détail !...

JONÉTOUN.

Ané ! disès né maï... Oï ! qué dé béstiossados
Déséspieï lou moti n'obès pas éscullados !...
Pér n'oublida pas rés, coussi n'ojustas pas,
Qué baou, cado moti, bous roscola lous nas !
Mé bésou pas paousa dé touto lo journado...
Basté souèssi pas tant soubén régognado,
Mais, podi pas jomaï fa rés o bostré goust :
S'ou métti pér-dessus, ou boulès pér-déjoust.
Toujour sès malcountén, toujour caouquo grimaço,
Paousi quicon d'un biaïs, ou mé combias dé plaço...
Colas-bous, aoutromén bous réspoundrio tout court
Qué lous trés quarts dél téns sès lo mitat cobourt.

M. DÉ GROS.

Le maître à son valet a droit de commander...
Et si je me plais tant à te recommander
D'être propre, soigneuse, agile, obéissante,
C'est pour faire de toi parfaite gouvernante,
Afin que si jamais tu trouves un époux,
Tu lui fasses goûter le bonheur le plus doux.
Oui, ma fille, deviens bien bonne ménagère,
Et tu feras plus tard une excellente mère...

Jonétoun.

M'obès énsoursélad' omé bostrés sérmous,
En mé porlén oïtal, Moussu, pénsas pér bous...
Pogas-mé, pieï beïrén......

M. dé Gros.

Tu sais bien ma petite,
Que j'ai fait, l'an dernier, marier Marguerite.
Et personne n'a dit qu'à tel moment donné,
Je ne hâte pour toi cet instant fortuné !...
Pour faire un mariage, il faut un patelain,
Sous ce rapport je puis donner un coup de main.

Jonétoun.

S'ès bé trop malodréch, bous aï dich maï d'un cop,
Sé combias pas dé toun, bous trasi moun ésclop ?...

M. dé Gros.

Toujours quelque gros mot, toujours quelque insolence,
Jeanneton, c'est avoir un peu trop d'arrogance.
Il faut te corriger de ce vilain défaut.
Oser d'un front serein menacer du sabot
Celui qui cherche tant à te rendre joyeuse !...
Ici, peux-tu donc bien te croire malheureuse ?
Parle sincèrement, n'as tu pas tout à souhait,
En moi tu trouverais l'époux le plus parfait...

Jonétoun.

Oï !... Déqué mé disès ? Bous èspousorio pas,
Quand souèssés doourat diquos ol cap dél nas.
Pérdès pla bostré téns, bous poudès ona jaïré...
Oïmorio cént coch maï prén' un biél obrosaïré,
Qué n'oourio pas rés pus qué soun sallé méstiè,

Qué dé bous coousi bous, omaï soués *rontié!*...
N'obès pas prou sércat... Dobans qué n'ojés uno,
Lou sourél sé sèro combiat én bieillo luno !...

M. DÉ GROS.

Que dis-tu Jeanneton ?.....

JONÉTOUN.

Sès trop poulit lourdoou !...
Oourias bèl bous pimpa, pourta 'n copèl tout noou ;
Pourrias éssé hobillat dé sédo lo pus fino,
Qu'oourias toujour pér iéou uno ficudo mino !...

M. DÉ GROS.

Ma figure, vraiment, est donc bien repoussante.
Ma mère cependant était femme charmante.,.

JONÉTOUN.

Bous o pla mal lécat, qu'oquo bous fâché pas.
Sès pla lourt, pla grigou, dégus pus hoïssoplas !...
Bous baou tout én possén diré cé qué mé péso...
Un homme qu'és tout soul è qu'o tant dé richéso,
Pér lous paourés diou pas sé moustra tant crossous.
Pér lous obondounna, né sès pas pus hurous.
Ol nostr'oustal, omaï souèssén pas pla richés,
Pér l'homme malhérous nous oou pas troubach chichés,
Fosès lo coritat, sérès oïmat dé Dious ;
Lous richès, lous bol pas...; lous paourés sou lous sious.

M. DÉ GROS.

Parce que tu me fais un bien juste reproche,
Mon cœur, pour ce motif, de ton cœur se rapproche.

JONÉTOUN.

Sès pas prou franc, Moussu, gognorès pas moun cur !

Ol countrari doun maï lou fosès béni dur !
 al qué bous counnouïs pas pourrio sé loïssa préné,
Oïtal foraï pas ieou, poudès ou prou coumpréné.
On gagno toujour maï o sé pla méfisa,
 é caoucun qué s'éstudi' o bous tant olisa.
Ol lioc dé m'énnuya dé bostré sot léngaché,
 èstré, décidas-bous o mé poga lou gaché !...

M. DÉ GROS.

n'échange, prends donc le gage de mon cœur !
t d'ores et déjà, là, parole d'honneur,
 i tu veux pour jamais devenir ma compagne,
J'abandonne pour toi ma plus belle campagne !

JONÈTOUN.

'osès bostré méstié : mé trocossès pas pus,
Bostré rosounnomén és lou d'un ficut gus.
Omaï mé dounnorias touto bostro fourtuno,
Mé pourrès pas jomaï sorra dé lo coummuno !...
Blogas tant qué bourrés, disès è proumettès,
Qué tant qu'oouraï dous uèls, bous béïraï dé trobès.

M. DÉ GROS.

De gagner ton amour est donc chose impossible :
Se peut-il, Jeanneton, que tu sois insensible
A tant d'égards pour toi !...

JONÈTOUN.

     Certò ! n'obès b' ohuch !
Lou més dé maï qué bé mé diourés cént éscuch.
Lous bous corro boïla, pieï quand m'oourés pogado,
Os un' aoutro pourrès proumettr' uno souldado.
D'èstré o bostré sérbiç' aï fach poulit sodoul.
Sé né troubas pas cap, démourorès tout soul !...

M. DÉ GROS.

Je te dois cent écus, je t'en offre cent mille ;
De vite t'enrichir le moyen est facile :
Promets-moi seulement l'empire de ton cœur,
Ainsi tu mettras fin à ma grande douleur.

JONÈTOUN.

Nani, Moussu, jomaï débéndraï bostro damo,
Bous doni pér counsél d'ésconti bostro flammo,
Bous béchéssi boulit, couffit omaï roustit,
Dé bous locha lou mot, préndrio pas lou portit.
Mourissès quand bourrès, séraï lèou counsoulado,
Espéras cépéndén dé m'oburé pogado !...

M. DÉ GROS.

Ah ! cruelle, je te...

JONÉTOUN.

Moussu, ménocès pas.
Nojès pas lou toupet, qué quicon trouborias.
Bruquas-mé, pieï béïrés s'oourés dé mos noubéllos...
Sobès bé qué lo leï és pér los doumoïsellos !...
Et qué sé mé toucas, omaï bargué pas rés,
Dé forç' ou dé boun grat caro mé pogorès !...

M. DÉ GROS.

Je ne puis plus longtemps contenir ma vengeance !
Quoi ! la barbare ainsi rirait de ma souffrance !
Qui pourrait dévorer un si cruel affront ?
Si je voyais du moins la rougeur à son front,
Mais, non ; bien loin de là... La voilà qui s'amuse...
Mes pleurs, débondez-vous et rompez votre écluse.

JONÈTOUN.

Oï ! Mèstré, qué ririo sè bous bésio ploura !...

Omaï bous borgué pas, cal pas déséspéra.
Omé bostro noupless', omé bostro fourtuno,
O forço dé finta, né trouborés caoucuno.
Cè qué nou, bous corro démoura biel gorçou.
Daillurs, tout àr' oourés maï bésoun d'un bostou
Qué dé sérca 'n 'o fenn'... Obès soissant'ans d'âché.
Diourias pus lèou pénsa d'èss' un boussi pus saché !...
Dins bint'ans d'hueï sérés ol cap dés éscoliès...
Bolés pas maï qu'o fa riré lous héritiès...

M. DÉ GROS.

Je ne sais qui choisir, étant seul de famille,
Jeanneton, promets-tu de rester vieille fille ?

JONÈTOUN.

Moussu, proumétti pas, mais boli pas dé bous...
Bous oounnouïssi bé trop, sès pas prou piétadous.

M. DÉ GROS.

Cœur de roche ! serpent ! Ah ! fuis de ma présence,
A ton horrible aspect, je me sens en démence !

JONÈTOUN.

Boïlas, boïlas d'orjén ! bîté mé sooubaraï !...
Quand pénsoraï o bous, sobès coussi riraï !...

M. DÉ GROS.

Et moi je verserai des larmes impuissantes !...
Devant moi passeront mille beautés charmantes
En me disant : Monsieur, demeurez vieux garçon !
Ah ! c'en est trop ! Je sens s'égarer ma raison !...
Jeanneton, Jeanneton, objet de ma tendresse,
Ah ! ne t'éloigne pas, quelque ordre qui te presse.
Pour toi je triplerai le prix de mes bienfaits,
Si tu pars, je me livre à d'éternels regrets !

JONÈTOUN.

Onè, plouras un paouc, bous aï pas pus bist faïrè !...
Fosès lou grimossiè ; mé trocossas pas gaïré.
Sès pas qu'un chorlotan, un onimal, un sòt ;
Régréttas lous éscuch, bésès oqui lou mot.

M. DÉ GROS.

Laisse-moi te parler en toute confidence :
Si ton départ me peut causer quelque souffrance,
Je m'en consolerai... Mais cent écus, Seigneur ;
Qu'il me faut débourser !... O cruelle douleur !
Qui jette tous mes sens dans la déconfiture ;
Dis donc, écoute-moi, charmante créature !...

JONÈTOUN.

L'y mé troumpabi pas... bièl obaré qué sès ?
Omé tout bostr' orjén, cado jour potissès...

M. DÉ GROS.

Quand je vais te prouver ma libéralité,
A ton tour, montre-moi ta générosité...
Je te dois cent écus, mais, serais-tu contente
Si je ne t'en donnais seulement que cinquante ?

MOURALO.

Tristè pécat dé l'Oboriço
Fas faïré maï d'uno injustiço !

XII.

LOU NEGRÉPUT

L'aoutré jour, én possén pér lo plaço publiquo,
Enténdèri conta, d'uno bouès magnifiquo,
Caouqués poulich coupléch, sus un èrt counnéscut.
M'orèstèri sul cop... Lous moch dé : *Négréput,*
Coffré dé péch, truffét, coucourlou, Doumoïsèllo,
Souèrou répétach... Oquèllo bouès tant bèllo,
Èro lo dé *Piorrou*, qué canto coummo bol ;
Canto, canto, créïrias énténdré un roussignol.
Pla curious dé counnouïss' oquéllo pouësio,
On' oquél qué l'obio, né démandi coupio.
Piorrou, prou coumplosènt lo mè réfusèt pas.
Estudio-lo, mé dis, dins noun rés lo soouras...
Lo baou faïré imprima, coummo lo m'o boïllado,
S'oppèllo *Bourthoumiou*, lou qué l'o coumpoousado...

I.

(Cansounnetto coumiquo.)

AIR : *Au clair de la lune...*

Uno *Doumoïsello* (1)
  Diraï pas soun noun...
Pus lourdo qué bèllo,
Paouro dé rénoun,
Dins cértén bilaché
Déspieï caouqué téns,

(1) Bavarde, prétentieuse.

És lou cocquétaché
Dés hounnèstés géns.

II.

Nostro créoturo,
Ficut sooumillou,
Cado jour courduro
Raoubo, coutillou.
Trasso dé bourriquo
S'és os un oustal,
Cado poun qué piquo,
Dis quicon dé mal...

III.

Né corrio pas gaïré
Pér lo soufflétta.
O lo fi dé faïré,
Sé foro fouïta...
Déjà lo junésso
S'én truffo pas mal,
È, sus soun odrèsso
Blaguo coummo cal!...

IV.

Sé séntis moduro,
Sé bol morida ;
Qué lou téns l'y duro
Dé sé fa crida !...
Soubén, sé posséjo
Pér lous grands comis ;
Mais dégus n'émbéjo
Sémblaplé coutis !...

V.

Basté qu'ottropèsso

Caouqué *patto-d'ours*,
Qué lo mourréjèsso
Cado quinzé jours !...
D'un fouèt o cinq branquos
Sé soourio muni,
È fliou ! sur los anquos,
Pér lo fa fini !...

VI.

Un jour, répétabo :
« Tal è tal gorçou
» Qué mé démondabo,
» Ojèt lou dénou !... »
Jomaï dé lo bido !
Lou qu'o désignat,
O rabo pourrido,
N'o jomaï soungeat !...

VII.

Cal boulès qué prénguo
Un parèl *truffét*,
Qu'o michanto lénguo,
È trop dé toupét ?
Déqué boulès faïré
D'un tal émborras ?...
Marcho, baï-té jaïré,
Courduro-pétas !...

VIII.

N'o pas maï dé mino
Qu'un pichot nénou,
Sémblo' no toupino,
Ol cap d'un bostou !...
Bésès-lo quand trotto,
Éstiro lou col !...

Pas mal courto-botto,
Robalo pél sol.

IX.

Bol bé prou porétré
Quicon dins lou mas,
Mais, baï-té fa f...tré,
Tout l'y ris sul nas!...
Créï d'èssé supérbo,
Ou créï tout-dé-bou ;
Poïroulét sans quèrbo
L'y réssémblo prou!...

X.

N'és pas mal pimpado,
Dél cap è dés pès,
Maïs mal fobricado
Dobans è dorrès.
Lo taillo l'y manquo,
È l'olé l'y put,
O lo coulou blanquo
Coummo'n *négréput!*...

XI.

Bésès coussi lèbo
Soun cap d'éstournèl!...
L'ourgul què lo crèbo
L'y forço lo pèl,
N'és pas qué coufflado
Què dé béns fouléch ;
L'oou pla surnoummado
Lou ..... *Coffré-dé-péch!*...

XII.

O fach lou pouëto, (1)
Io pas pla dé téns ;
Bourthoumiou l'y souhèto
Qu'ou fagué lounténs !...
D'un *sac* dé souttisos
Dé qué pot sourti ?
Caouquos soloupisos
O faïré porti...

XIII.

Bounjour, ol rébèïré
Brabé *Coucourlou !*
Sé mé bénés béïré,
Forén lou *brollou*...
Dé mo consounnétto
Tiro bou proufit,
Tu paouro fillétto,
Qué sèrcos portit !...

XIII.

Lo beillo dé lo Festo !!...

(Description.)

D'éstruméns dé musiqu'aï énténdut lou soun !..
Clarinétto, tombour, grosso-caisso, biouloun,

(1) Elle aimait à devenir chansonnière.

Tout sé délargu' ol cop, pér onnounça lo fèsto !...
Pél jour dél léndéma, tout lou moundé s'opprèsto,
L'on beï dé tout coustat, è chacun' o soun tour,
Los fénnos, corréja caouqué fricot ol four...
Une porto'n toupi, l'aoutr' uno cossoïrollo.
N'io pas soulomén dos, né bésès uno colo ;
Corgados dé gigoch, dé gotèous, dé fouosséch,
È marchou, sé bous plaï, crésès-ou, n'oou pas fréch.
Oqui counnouïssès pas ni damo ni chombrieïro,
Bité !... chacuno bol orriba lo prémièro.
Garo ! paouré fourgnè, sé sios pas dégourdit,
Té foras malména pér oquél poplé hordit !...
« Ané ! Crido Morgot. « Déspacho-té, *poillasso !*... »
» Bésès pas qué moun pa sourtis dé lo poillasso !... »
Lo bieillo Modéloun : « Moun Dious ! quél cal poti !
» Bast'ojèssi pouscut énfourna lou moti !...
» Aï més dosossèt *ioous* pér faïré oquéllo fouasso,
» Quand désénfournorén, basté siagué pas trasso.
» Bésès oquél grand plat qu'és tout romplit dé jus,
» Sè bèrso, pér malhur, l'y rojoro dessus !...»
Un' o poou pér soun plat, l'aoutro pér so toupino ;
On los beï, paouc ou prou, toutos qué foou lo mino,
Crido qué cridoras ! dédoboùn ! dédobàl,
Jomaï s'és pas possat un parél cornobal !...
Paouré mèstré fourgné, los oouréillos coupados,
Creï béritaplomén qué siagou poussédados.
Déqué farias oqui ? Sobèn, sans nous troumpa,
Qué los fennos jomaï n'oou finit dè jopa.
N'ojés pas lou toupét dé l'y pooùsa silenço,
Qué réçoourias sul nas caouquo brab' insoulènço.
Tant qué n'oouroou plosé, los cal loïssa porla ;
Quand l'y dirés pas rés, finiroou pér cola !...

Déséspieï maï d'un més toutés lous courdouniès
Trobaillou nuech è jour o faïré dé souliès.
Noun pas omé dé cuèr dé bioou, ni dé bédèllo,
Mais, toutés én bérnis è fricaous dé sémèllo !
Lous farrou pas omé dé pouëntos, dé tochous,
Pér donsa, lous clobèls, oquo's trop topochous.
Lous toillurs, otobé, préparou dé jocquéttos,
Dé pontolouns coulans, dé bèstos fricooudéttos,
Dé supèrbés giléch, lou tout én brabé drap,
Dé pus poulit én lioc né trouborias pas cap.
Espéras o déma ! beïrés sé lo junèsso
Oquél jour, sourtiro poulido dé lo mésso !...
Chacun ooouro croumpat un brabé copèl noou,
Séro' scorobillat, è poulit coummo'n soou !
Cal pas diré coussi toutos los doumoïsèllos,
Oou pénsat, io bèl briou, o sé méttré pla bèllos.
Oou roudat, pér coousi, quotorzé mogosins !...
Los béïrés, pourtoroou dé poulich éscorpins,
Dé débassés pla blans, è filoroou, loougéïros,
Qué los ooousirés pas possa pér los corrieïros.
Oourou dé pontolouns cours è pla dontélach ;
Dé joupouns pér-déssus parfètomén broudach !...
Daoutrés én coutou blanc è fachés o lo maillo,
Los unos, ooouroou més un poulit *pinço-taillo*,
Sus uno raoub'én séd' ou dé drap dé Sédan
Qu'oouro coustat, lou méns, quatré ou cinq francs lou pan.
Oquéllo, pér fa béïr' o toutés sos dontèllos,
Lèboro lou ponèl, ou méttro dé bértèllos !...
Un' aoutro, qué créïro dé né faïré pas prou,
Ploçoro dé rubans, dorrès....., sul *pétorrou* !...
Sé n'io cap qu'ajé més uno raoubo trop courto,
Oouro fach un chignoun, pla pus gros qu'uno tourto.
Tallo qu'oouro corgat un caraco féndut,

Sémbloro qu'o rooubat lo couétto dél coucut !...
Cothorino, dé poou dé fa béïré sos frangos,
Omé sous coutillous, bolojoro los fangos !...
Dins lou sièclé qué sèn, lo modo bol oïtal,
Dé faïré qué tout jur' è qué tout oné mal !...
Cè qué pourtas sul cap, réspoundès mé filléttos,
Ou botéjas copèls ?... Tant bal diré *cosquéttos*...
Cosquéttos ou *copèls*, paouc importo lou noun !
Béchèn dé qué sémblas quand lous obès sul froun.
D'unos lous gornissès d'uilléch, dé morgoridos ;
L'os qu'oïmas pla los flous, sès pas los méns cobridos.
Dé coch, lous éntouras dé fueïllos dé bortas..,
Coussi n'obès pas poou dé bous pouncha lou nas ?...
Baoutros qué lous ournas on dé branquos dé tréillo,
Sès los qué loïssas pas lou bi dins lo boutéillo.
Quand l'y métès ol tour dé fueïllos dé poumiè,.
Oquo's pér roppéla bostré pécat prémiè...
Pér millou déscoubri bostro bèllo porruquo,
Los-unos lous plaças, alaï, dorrès lo suquo ;
Daoutros, qué n'obès pas dé poulit qué lou noun,
Lous fosès obonça tant qué poudès sul froun.
Coussi qué lous pourtés, mos brabos doumoïsèllos,
Oquo bous méttro pas jomaï gaïré pus bèllos.
Lobas è sobounnas, corgas cè qué bourrés,
S'oïtal noscudos sès, lourdos toujour sérés !...

XIV

Lo Festo! [1]
(Description).

L'aoubo n'o pas èncar' occobat d'èspéli,
Qué los oulos, sul fioc, coumméncou dé bouli!...
Los fénnos, qué soubén sé lèbou los dornieïros,
Dé poou d'èss' én rétart, oou sooutat los prémieïros.
Io dos houros è maï qué trépou pér l'oustal.
Lo nuèch, n'oou pas pouscut répoousa coummo cal.
Méttou pas fosso téns o faïré lo touolètto,
Sourtissou bitomén pér faïré caouqu' omplètto.
O's uno cal dé sal, o l'aoutro dè clobèl
Oquésto bol dé bioou, dé moutou, dé budèl,
O toutos cal quicon!... Garo! qué sou préssados.
Marchou coummo lou bén, toutos mal occoutrados.
Oou més tout simplomén un mocodou sul pial,
Un coutillou pla court è pas cap dé montal,
Hobillados oïtal, sou pla pus dégourdidos,
S'én manquo, cépéndén, qué siasquou pla poulidos!...
... Lou réloch' o piquat! Sans éspèra soun tour,
Chacun' ol grand golop, prén lou comi dél four.
Marcho qué marchoras, sou toutos éssoufflados.
Sémblo qué caouqué loup los aj' éspoourugados!
Susou, poulsou sorrat, è foou d'ésclomotious!
Dins un moumén béïrés qué dé réclomotious!...
Oquò sério' n hosart s'èrou toutos counténtos!...

[1] Cette pièce a été reproduite par le *Journal de Saint-Afrique* (n° du 17 mars 1877).

Oousissès qué déjà chacuno fo sos pléntos !...
Fourgné, dourbis lou four !.. Toutos, lous uèls brocach !
S'énquiètou dé sérca sos toupinos, sous plach.
Cotin, én sourtién so fouasso robinado,
Tusto dès pès, dès pouns, dirias qu'és poussédado.
Lou fourgné fo passa, pus séc qu'un éstélou,
Un jigot, qu'o ponrtat Clairo dé Booumélou ;
Quand lou béï tant roustit, oquello paouro Clairo
Sé dérrabo lou pial, és baoujo dé coulèro !...
È crido : « S'és poussiplé ! Oï ! dé qué cal souffri !... »
Sé plan talomén fort qué né pénso mouri !...
— « Bous chogrinés pas tant, dis bîté Morgorido,
» Lo car n'ès pas méns bounn', omaï siagué roustido. »
— « Fourgné, déspacho-té, faï mé possa moun plat,
» L'y crido Morioun, aï lou fioc ollucat,
» È l'oulo, qué bélèou d'oquést'houro s'osoundo ! »
— « Otténdés ! réspon Jéan, éncar' uno ségoundo,
» Podi pas l'ona quèrr' obàl, ol foun dél four. »
— « Bous émpotiéntés pas, béndro lèou bostré tour.
« Oïci cal toutés fa coummo qué sé coufèsso ;
» Un paouc dé potiénç', omaï qu'ojés pla prèsso. »
Tout én porlén oïtal, omé lou rospodou,
Lou fourgné fo bira lou plat dé Morgoutou !!!
Aï ! Aï ! moun paouré Jéan, t'én diroou dé souttisos,
Bouto, né réçoouras dé négros è dé grisos,
Bé t'én bal sé l'y sios éstat ocoustumat.
Aoutromén gaïré maï, né sérios ossoumat !...
Morgoutou, qué dél mas és saïqué lo pus falso,
L'y dis én jongoulén : « Omasso-lo lo salso...
» Trasso dé malodrèch, éspèço dé bodaou,
» Nani, jomaï n'aï bist lou pus fomous pélaou !
— Ah ! ça ! baï douçomén, ottentiou pér mo fouasso,
Crido Jeanno lo bieill', aoutromén dich l'*Ogasso*,

Sé lo mé fas péri, reçoouras dous souffléch...
 o maïré dé Piorrou précho pér sous fouosséch...
aouré Jéan émbéstiat, o lo fi s'émpotiento,
e beïré que déjà nio pas cap dé countento.
n'ou trobo pas cuéch, un'aoutro trop roustit....
ampis, coussi qué nou, cal préné soun portit.

∞

oillurs é courdougnés, moudistos, courdurieïros
Omé quicon sul bras, trottou pér los corrieïros.
 quéstés, boou pourta bèstos, caoussos, giléch,
 ou tout én drap éspés, pér oppora lou fréch...
Lou *pègot*, él, o fach dé poulidos sémèllos,
Surtout pès junés-géns, è pér los doumoïsèllos !...
 ins un pichot moumén, quand lous oouroou corgach,
 iroou que lous souliès sou pas mal troboillach !...
O l'èrt pla décidat, l'on counnouïs los moudistos.
Orribo raromén dé los beïré pla tristos.
Os uno, pourtoroou, tout gornit dé rubans,
Un copèl, qué bélèou coustoro trènto francs.
On'oquell' un bounnét o lo modo noubèllo....
Lo qué lou pourtoro, pichou ! què séro bello !...
Rousou lo courdurieïro, o fach pér Elisa
Un coustumé poulit !... N'o pas qu'o l'olisa,
 ou l'y bo fa possa, portis... ès touto presto...
 èl comi, bésès-lo, qu'o cado pas s'orresto,
 er fa béïr'o qué bol, s'oquo's pla troboillat...
 s préssad'... és égal... n'o pas prou bobillat !...
 ondroou soun cur jouèyous, sé bantou soun odrésso,
... Lou sourel sé fo naout !... sounnoroou lèou la messo,
Fosso moundé l'oï bo... pourtan, lo déboutiou,
 n jour oïtal, n'ès pas lo pus grando possiou.
Lous hommés pla pimpach, lou copèl sus l'ooureillo,

Oimorioou bè pla maï ona biouré bouteillo.
Mais, oquo's un débèr qué cal toutés rompli.
Sou pas pus léou dintrach, languissou dé sourti...
Los fénnos, otobé, lou booujun los émporto,
Tampla, cocquéttoroou jusquo's o lo gran'porto ;
Sé sou très, quatr'ènsembl', ol cop bobilloroou ;
È dias-mé, sé bous plaï, dé déqué porloroou ?...
Dès offas dé caoucun, surtout de lo touolètto...
Tartans, raoubos, copèls, coulét è coulorètto,
Foroou lou grand suchèt dé lour coumbérsotiou.
O lo gléïso béndro maï d'uno distroctiou,
Péndén qué lou curat contoro l'ébongilo,
Ou qué lou *foutroillou* foro tinda l'ésquilo.
... Éntré mittan lous déch fosès un pichot traouc,
È sans n'oburé l'ért, ogochas-los un paouc.
Gaïré maï, counfoundrias damos omé chombrieïros.
Béïrés los dé détras, qué fixou los prémieïros,
Los touosén coummo cal, dél cap jusquos os pès,
Pér béïré s'oou quicon qué siagué détrobès.
Toutòs sans éxeptiou foou lo mèmo prièro,
Lo pus lourd', oquél jour, sé créïro lo pus fièro...
Cal pas qué lou curat éssajé dé précha,
L'y couporioou l'o chiqu' o forço dé crocha.
Ol pus court qué pourro, cal qué digué lo mésso,
Ou sério rélébat dél pécat dé poréssso...

❧

L'oufficé bo fini... déforo lou biouloun,
Couménço tout éscas, dé randré caouqué soun.
Qué l'on béï cop sul cop, oquéllos doumoïsèllos
Qu'oou possat lou moti pér sé méttré pla bèllos,
Quilla bîté lou cap, è faïré un moubémén !...
Sé rétènou pas pus... Sou dins un pèssomén,

Qué corrio, pér lou méns, déch pajos d'éscrituro,
Per pourré coummo cal né faïré lo pintruro...
Foou lou signé dè crous, sé préssou dé sourti.
Caouquos-unos qué nio foou mino dé courri,
Mais, portou sus l'ésquin'un tal faïs dé bésougno,
Qué béritaplomén oou poou dé fa bérgougno !...

⚘

Oppréstas-bous, éfans, lou bal bo coumménça !...
Oquélés caps loougiès, lous béïrén lèou donsa...
Lou dropèou désplégat, nostro bèllo junésso,
Sé posséjo pél mas, ol sourtén dé la mésso !...
Oprès oburé fach dous ou trés coch lou tour,
Ol soun dél flojoulet, dél fiffré, dél tombour,
O fi dé millou fa sorra lo poupulaço,
Coummençou la polka sul mitan dé lo plaço ! ...
Orribo, dins noun rés, poulido coummo'n soou,
Lo *Grisetto*, qué fo sémblan d'oburé poou...
Lo corro péltira, foro lo difficillo.
L'oousirés qué diro dé lo loïssa tronquillo,
E tout én ojén l'èrt dé sé faïrè prégua,
Beïrès tout douçomén, sos cambos boulégua !...
Couraché ! Ordit Piorron ! Bésès-lo coussi danso,
D'un pas pla dégourdit, *quodrillo, countrodanso !*...
Oquél réspéc humèn és éstat lèou portit ;
Boulio pas én prémié, mais o près soun portit.
Saouto qué saoutoras, o grossos gouttos suso !...
Io pas rés d'éstounént, omé lou téns tout s'uso !...
..... Oprès éllo, né bén trés, quatre, cinq, noou, dèch,
Qué démandou pas maï qué dé sé méttr'ol mièch.
Lou jun'hommé goillard è lou bièl qué trontollo,
Tout oquo l'y sé mét o fa lo forondollo...
Tout saouto, tout boultij'ol soun dé l'éstrumén,

Qué marquo lo codanç'omaï lou moubémén !...
Ogochas-los un paouc, oquéllos brabos fillos,
Coussi, toutos ol cop, foou joua los *botillos !*...
Garo ! musiciens, ottentiou jouas pla !...
Béïrias quicon dé noou, sé los fosias troupla !...
..... Un superbé sourél sé lèbo sus lo plaço !...
Lous goulaous oou dinat, ogochas-lous, én masso,
Sourti dé sous oustals... Orribou dous o dous,
O fi dé béïr' un paouc brondi lous coutillous.
Oquo's aro, pichou ! qué brillo lo touolètto !...
Rés dé poulit n'és pas démourat dins lo bouètto ;
Péndéns è brosséléch, codénos d'or, d'orjén,
Ou portou tout déssus, è tout és pla lusén !...
Hommés dé tout éstat, moudistos, courdurieïros,
Boïlech, pastrés, pillars omaï baoutros chombrieïros
Lou moumén és béngut dé quitta lou trobal.
Pér ona bitomén proufita d'oquél bal !...
Dé tout coustat, l'on béï jun'hommés, doumoïsèllos,
Qué longuissou dé pourr'éssoja los sémèllos...
On rémarquo surtout lous noubèls moridach,
Marchou d'un èrt countén, on lous beï pla pimpach,
Bras déssus, bras déjoust, chacun omé so damo,
Sé légis dins sous uèls qu'oou lou bounhur dins l'amo !..

Trés houros oou piquat !... oquo's lou grand moumén;
Un canto, l'aoutré ris, tout bo jouyousomén !...
Bibo ! bibo lo festo !... Anaban lo musiquo !...
On pot pas circula sur lo plaço publiquo !...
Sus un pichot théâtr'oou més lous musiciens ;
Qué pér millou joua séguissou d'ers onciens
Un o lou flojoulet, un'aoutré lo cobrétto,
Oquél jogue dél fiffré ou dé lo clorinétto ;

'oquélés éstruméns, paouc émporto lou noun,
ourbu qué sapiou faïr' un porfèt unissoun...
o danso tout d'un cop, sé trobo éntérroumpudo,
ér caouqué malodréch qué n'a pos l'hobitudo.
al és oquél ? Cal sap ?... L'aman dé *Béloutou*...
é so bello, moun Dious ! n'oouro pas un poutou !...
ont lou moundé s'én ris, n'o talomén bérgougno,
ué sans sé fa prégua, laïss'oqui lo bésougno...
n paouc pus tart, oquo's lo joubé dé Michel,
oun homm' én brosséjén, io toumbat lou copèl...
obans tout un public sé béïré déscouïffado,
imorio saïqué tant qué l'ojèssou fouïtado !...
nfin, dè téns én tens, tal ou tal pélooudas
ér bourré sé mountra, sé fo riré sul nas !...
Onén-nous prouména, loïssen faïré lo danso, »
is o soun préténdut doumoïséllo Coustanso....
'én boou tout donçomén, én sé boïlen lou bras,
toutés d'ogocha, sé prénou pla lou pas !...
ourél orrèsto-té !... Rétardo to couchado.
uno, dé té léba, siagués pas tant préssado !...
'oquél couplé chormant, béngut pér féstèja,
Qué tout aro portis pér s'ona posséja,
Occourdas-mé lou téns dé béïré lo touoletto ;
Aï oousit qué maï d'un disio qu'èro parfèto.
Dé tal ou dé tal goust, on diou pas discuta,
Oquo's un boun mouyén dé sé pas disputa.
És curious cépéndén, qué lo modo noubéllo
Métté dins l'émborras maï d'uno doumoïsèllo !
N'és pas méns lo bértat. Oquéllo qu'és oquì,
Trés passés dobant iou, Jésus ! qué diou poti !...
Poulso'spés qué jomaï ; marcho touto tourado,
Dirias, qu'o coch dé pals, caoucun l'o démorgado !
O talomén sorrat l'éstoumac é lous réns,

Qué s'én résséntiro trés semmanos, lou méns !...
Pér déqué, sé bous plaï, és touto bouffloulado ?
L'on dirio qué dé béns és éstado coufflado !...
Porto béléou déjoust cinq ou sièïs coutillous ;
O so raoubo, dé plèch, né bési dé moulous !...
Oquélés ésquilous pénjach o sos ooureillos,
Qué sou monigonsach én formo dé bouteillos,
L'y boou supérbomén !... N'és pas mal émbéntat !...
Doumaché, qu'o soun nas, pénjé pas un forrat !...
Cè qu'o lou noum dè : *pouf*, portochat én dos branquos,
Dé drap ou d'alpaga, qué tonbo sus sos anquos.
L'hobillo coummo cal. Oquélés ponélous
Figurou pér détras coummo dous *troulloulous* !...
Esprès oquì plossach, pér faïré séntinèllo,
Dé poou qué caouqué bén forcé lo *pourtonéllo* !...
Quagné poulit copèl qué porto sus soun cap,
Coumm'oquél, o Poris, jomaï n'aï pas bist cap !...
Es gornit tout lou tour dé flous dé touto méno,
Om'oquello couïffur', és chormanto lo *nénno* !...
L'y bési dé rubans, jaounés ou biouléch,
Entourtillach énsémbl' oquì sul coustat dréch !...
Sul coup, io dé rosins, dé cérieïos, dé poummos
É pér-déssus oquo tout un plonpoun dé plumos,
D'autrucho, dé fésan, dé gal, dé porrouquet,
Qué formou, sé bésias, un drollé dé bouquét !...
Pér millou m'exprima : parli dé cur è d'âmo,
Oquéllo doumoïsèll', aro, béléou, qu'és damo,
Omé toutos sos flous, omé sous *falbalas*,
Réssémblo, paouc s'en manqu', os un *cornoboillas*.
Sé boulès diré braï, coumm'oquéllo n'io fossos ;
On né beï o lo glèïs', é surtout o los noços,
Qué pér sé trop pimpa, dégradou lour booutat,
Pérsounnos dé bounsén, dias-mé s'és pas bértat ?...

XV

Ojèt très pans dé nas!...

(Satire.)

S'oï bous bésèn pas pus faïré bostro bésito,
    Lou sér ni lou moti.
Quicon bous o fochat, moussu *Courto-lébito*,
    Moun Dious! qué cal poti!...

O tout houro dél jour, possabés sus lo plaço,
    D'un èrt tout décidat,
N'obias pas, ol ségur, lo mino d'un poillasso,
    Ni d'un émborrossat!...

Dé bous beïré morcha lou copèl sus l'ooureillo,
    Erén toutés chormach !
Filabés fier è dréch coummo 'n col dé bouteillo,
    Lous souliès pla cirach....

Fosias brondi lou cap è péta lo sémèllo!...
    Possabès dégourdit!
Sémblabés un ségnou dé prémieïro ficèllo,
    Oï! mais qu'èrés poulit!...

Quand porlabou dé bous, tout lou moundé disio :
    « Qu'oquél homm'és galan!
» Tallo, que n'o pas cap, lou nas sé grottorio,
    » Sé l'obio pér aman!... »

Dias-nous pér déqué dous, très coch pér sémmano,
    Soï bénias tournéja?

Cal qu'ojès pla d'éscuch, è pousqués pourta canno,
  Pér bous tant posséja !...

Grando coumbérsotiou dins lou mas s'es téngudo,
  Sul moussu pla pimpat !...
Tout bontabo soun ért, so supèrbo tengudo,
  È so poulidétat !...

Oousissian, cado jour, los fénnos dél bilaché,
  S'éntréténé dé bous.
Sès éstat lou suchèt d'un poulit coquéttaché
  Péndén un més ou dous !...

« M'ogrado coummo cal, disio *Morgoridétto*,
  » Cousino de Jouou.
» O lou nas pla plontat, lo mino fricooudétto,
  » És chormant lou *nénou !!*... »

Un'aoutro répétab'o cal boulio l'énténdré
  Qu'érés un boùn éfan.
È qu'obias, tout débou, lou cur franc è tant téndré
  Coummo'n froumaché blan !...

S'ès morquat cépéndén dé caouquo cicotriço
  Qué bous fo pas poulit...
Uno joubé diet, om'un toun de moliço,
  Qué bous obioou mourdit !

« Oquesté cop oou dich lo bértat touto puro,
  » Réspoundét *Béloutou*,
» Caoucun m'o sousténgut qué falso créoturo
  » L'iobio fach un poutou !... »

« Léngaché dé pas rés, » respon bité *Jeonnétto*,
  » Colas-bous, sé bous plaï.

» O quo n'émpacho pas, qué sé bol mo filletto,
  » Ieou lo l'y dounnoraï ! »

« Tout lou moundé sap prou, dis uno bieillo fillo,
  » Qué sé bol morida :
» Porés bé qu'opportén o prou bounno fomillo,
  » Mès cal pas trop crida...

» Pér ona trop én grand, é faïré pla lo noço,
  » Soun pèr'o tout lécat...
» Fénno richo préndrio, pér fa roulla carrosso,
  » Mais, n'o pas prou sércat !...

» Sé soï bén tournéja, dé sourél ou dé luno,
  » Quicon soï sérco bé.
» Soï rodo pla soubén, pér né finta caoucuno,
  » Qué l'y forio plosé...

» Nani, jomaï n'oouro tant brabo doumoïsello...
  « Pér él o trop d'éscuch.
» Pichou ! coussi soourio joua dè lo séméllo
  » Omé sous rébénguch !...

» Counnouïssén toutés prou lou noum dè so famillo,
  » È tout lou moundé dis.
» Qu'oquo's, sans countrodich, lo tant hounnésto fillo
  » Dé tout nostré poïs !...

» Pénso dé l'éspousa, mais, boutas, poudés créïré,
  » Qué réussiro pas ;
» Qué lo *finté* sé bol, caoucun l'y foro beïré
  » Qu'oouro *trés pans dé nas !*... »

Roso sé troumpèt pas... Un jour, qué d'hobitudo,
  Nostré bèl moussuret

Bénio, lou cur countén, trouba so préténdudo,
        S'èn tournèt pla mouquèt !...

S'én onèt tout counfus, sans tombour ni troumpetto,
        Coummo'n cat éscooudat !...
Déséspieï sèmblo fat, lo coulèro l'éspéto,
        Dirias qu'ès poussédat !...

« Bous oou jouat lou tour, paouré *courto-lébito*,
        » Ou nous pénsabén prou !...
» Onas onté bourrès, faïré bostro bésito.
        » Trouborès pas millou !

» D'un aoutré préténden, pus digné, pus copaplé,
        » Aro, disès dé mal !...
» Bous oou topat o bous, coumm' os *pors* dé l'éstaplé,
        » Lo porto dé l'oustal !...

» Lou qu'obès diffommat, n'és pas un tournéjaïré,
        » *Bourthoumiou* bous ou dis.
» Mais, bous sès counnéscut pér un fomous fintaïré,
        » Tout lou moundé né ris !... »

« El o troubat portit, è bous sércas fourtuno,
        » Biel trasso dé coufflat !...
» Qaouqué sér ou moti, dobans qué n'ojés uno,
        » Sérés éstat jifflat !... »

Baoutrés, sous trochimans, *damos* ou *doumoïsellos*,
        Quillas, quillas lou cap !...
B... ès moridat., è bostré *Finto-bellos*,
        Né pot pas trouba cap !...

XVI

A Moussu D.....at

(Coumplimén dé récéptiou).

(Monorime en at).

Èn parfèto sontat,
Sés dounquos orribat,
Hommé tant désirat ?
Tout lou mound' ès chormat
Qu'ojés pas émmogriat,
Déséspieï l'an possat.
Mais, dias-mé s'és bértat
Qué Bosillo D...nat,
Qué lo potérnitat
Bous obio counfiat,
Bous aj' obondounnat ?
Èl qu'éro tant oïmat,
È tant counsidérat,
Dé qué l'y's orribat ?
Éro trop pla souègnat,
L'obias trop poupounnat ?
Ou counfus dé l'ésclat
Dé bostro mojéstat,
Sé séro déspitat
Pér un paouc dé tobat (1)
Qué l'ioourés réfusat ?

(1) Grand priseur

Sabi pas s'és bértat,
Mais lou bruch ò pourtat
Qué bous obio quittat...
Ah ! ficut éspétat,
És bostro falsétat,
Qu'ès caouso qu'o quittat
Nostro souciétat.
N'obès pas tout gognat...
Dé toutés pla blomat,
Bous béïrés ogochat
Dé trobés coummo 'n cat...
Dias-mé qué sés éstat ?
Pas cap dé Mojistrat,
Nimaï cap d'oboucat.
M'ès éstat roppourtat
Qu'èrés *chorroun* monquat !...
Ma fi ! lou bèl éstat !
Poudés morcha quillat,
Coussut è pla pimpat.
Ouf ! oquò fo piétat !...
Pér diré lo bértat,
Sès un asé bostat !...
... Un homm' un paouc ochat,
Qu'obio toujour possat
Pér éssé pla sénsat,
Disio : « Sioï éstounnat
» Qué l'ojou pas couffrat,
» Oquél *méstrè* mièch fat,
» Hoït è détéstat,
» Qué laïsso dé coustat
» Houmour è proubitat ! »
Caouqué jour éstouffat,
Bous oouroou dégoumat !...

Cé qu'obès réprouchat
O moun omic D...nat,
N'ès pas éstat bértat...
Ês éstat pérdounnat...
Pérçaqu'él o proubat,
Qué cè qu'obias countat,
Ér' éstat embéntat
Pér bostro folsétat !...

XVII

O MOUN OMIC MOTHIOU

Prouféssou dé musiquo.

(Epître élégiaque.)

—

Toun départ, *foutrolas* (1), m'és éstat pla funésté,
Perçaqu'o né porla, siou pas éstat prou lésté.
Lo muso dél *Rouèrgu*' és béngudo lo nuèch,
Péndén qué m'éspotab' ol mitan dé moun lièch...
« Tu dors, homme sans cœur, poète sans envie,
» Quoi donc ! laisser partir, sans le féliciter,
» L'illustre compagnon qui vient de te quitter !
» Tu ne mérites pas de jouir de la vie !... »
È m'o fiquat dé pich qué m'o mièch éspétat...
Mé siou bé prou bottut, aï bé prou réguinnat,
Sans què béchéssi rès, m'o dérruscat l'ésquino ;
Té démand' un paouquét, iéou qu'aï lo pèl tant fino !

(1) Cette expression lui était familière.

Sans mé fa maï préga, counfus d'un tal offroun,
Mé siou més tout dé suit' o soubattré lou froun,
L'aï talomén tustat dél founs jusqu'o lo cîmo,
Pér mé faïré sourti caouquo trasso dè rimo,
Qué crési, *pér mo fiat*, qué débéndraï cobourt.
Qué dé péno, moun Dious ! pér un trasso dé lourt !...
Es égal, coumméncén... Tu qu'aïmos lo boutèillo,
Bièl coumpognou dé glouèr', ané, dourbis l'oouréillo !
Té baou dir' én trés moch, los tristos émpréssious
Qué toun départ o fach ol troupél dès bossious.
Os poucèls, os lopins, o lo baquo roussèllo,
O los poulos, ol gal, o touto la séquèllo !...
Tournabi mort dé fan, dé toun éstollotiou (1)
T'ojén loïssat tout prést' o préné posséssiou,
D'uno taoulo gornid' o fa poou o calcun,
O loquallo m'oou dich qu'as pintat commo 'n *cun* !...
Barnabé lou pichou qu'és éstat toun élébo,
Lou pastré dés ognèls, qu'o' no poou qué lou crébo,
Éntré qué beï léba lo couètt' os un moutou,
Barnabé, qué pourtan és un brab' éfontou,
Gordabo soun troupèl ol founs dé lo *prodello*...
Sur l'hérbo *spotorrat*, contabo : Léroullèlo ! !
Lo gaoul' o soun coustat, lou mourré joul copèl.
Oquì, tant qué poudio, s'éstirabo lo pèl !
Tout d'un cop, lous moutous prénguèrou lo défilo,
Quittèrou lou prodél, gognèrou daous lo bilo,
È lous ottropèt pas jusquòs qué tréscoulèrou.
Longuissioou dé té béïr', è saïqués l'oï bénguèrou !...
L'y sé coumprén pas rés, tout s'oï és én désaïré,

---

(1) L'auteur va rendre visite à un de ses anciens collègues qui le laisse repartir sans même lui offrir la goutte. Il se venge par l'élégie grotesque ci-dessus.

Déspieï qué sios portit, s'oï énténdén pas gaïré,
Miooula lo cato blanqu', è roundina lous pors,
Lous lopins, otobé, n'io lo mitat dé mors.
Jéan, lou torriplé *Jéan*, qu'és corgat dé los baquos,
Dé lach, hièrc, né pourtèt qué quatr' ou cinq ésclaquos ;
Sé plourabo déjà dé né béïré tant paouc...
« Dé qué diaplé, cal sap, l'y mo topat lou traouc,
» Aï tustat tant é maï, aï tirat lo titino,
» È n'aï pas occotat lou quioul dé lo toupino !...
» Es quicon dé curious, déqué diantrés foroou ?
» Manjou pas, bubou pas, saïqué né créboroou !
» Aï pla poou qué calcun los aj'énsourcélados,
» Mésqué ! fiquou dé péch ! qué sémblou poussédados !...
» Lous pors, lo mêmo caous', én mé béchén dintra,
» Mé sou saoutach déssus, m'oou pénsat déboura !
» È lou naouc, l'oòu tout plé dé blat ou dé boulido !...
» Lo clouquo-què bodaill'! oh ! jomaï dé lo bido !
» Entr'éllés, lous lopins sé battou, sé débourrou,
» Lous bioous én sourtién, o cado pas s'omourrou.
» Los aouquos otobé, sou toutos émboourados,
» Los poulos, cado jour, nè trouban dé tibados.
» Lou gal, déspieï lounténs, n'o pas jomaï contat !... »
È lou paour'éfontas, cridabo coumo'n fat !...
Iéou l'y disi : « Pél gal, tan pla qu'oquo pot èstré,
» Pérçaqué, l'aoutré jour, oou fach porti soun mèstré.
» Aro n'o pas dègus qué l'y donné lou toun,
» N'oousis pas pus *Mothiou*, joua dé soun biouloun !...
» Lous lopins, sobès pas, qué fosioou lo quottrétto,
» Ol soun méloudious dé so douço musétto !...
» Én énténdén conta lou *do, ré, mi, fa, sol*,
» Lous bioous fosioou dé saous, è s'éstendioou pél sol.
» Los oaouquos, cado cop qu'oousissioou los timbalos,
» Estirabou lou col, éspondissioou los alos !...

» Ol soun del flajoulét, lous cos omaï lous cach,
» Fosioou lo forondoll' énsémblé' omé lous rach !...
» Tu crésés qué pribach d'uno talo musiquo,
» Lous pors qué l'aïmou tant, n'ajou pas lo couliquo ?
» Qu'òquo t'éstounné pas, sabi, sans bodina,
» Qué, pla souben *Mothiou* lous fosio roundina !...»
L'in boulio diré maï quand sé méttèt o riré.
D'aillurs sério trop long, s'ou té colio tout diré,
È pieï lou cap mé dol, siou lo mitat cobourt !!...
Qué dé péno, moun Dious ! pér un trasso dé lourt !!...
 Odiou *foutrolas !*

XVIII

Lo bounn' onnado.

(Compliment.)

Dins oquésté moumén,
Séntissi mo bédéno
Dins un grand moubémén
Dé tant qué préni péno
Pér té fa 'n coumplimén !...
Té souhèti simplomén,
È pla sincèromén,
Qué lo noubéll' onnado,
Pér tu siasqué morcado
D'un grand counténtomén !
Siagué pla lounguomén,
Qué n'aoutrés t'ousién

Joua pla finomén,
Dél poulit éstrumén,
Dounté sabés soubén
Faïré sourti dé bén !...
Sans noubéll' ourdounanço
Dious borguo qué lou nas
Té traouqué pas lo panso,
E qué tant qué pourras
Escoouta lo modaïsso,
Fagués joua lo maïsso,
Sus un poulit jigot,
Ounchat d'un paouc dé graïsso...
Pér oquo sios pas sot...
Ménés pas bido duro,
Faï bounno pourtoduro...
Oquos dé tout moun cur,
Qué té souhèti bounhur.
Qué toutos tos onnados
En pas siagou possados !
E pér lou cièl countados
Dobans Dious, o lo mort,
Què séro nostré sort !
Siagués pas én discordo,
Trobo miséricordo !...
Quand sèras jul lénsol,
È qué jomaï lo cordo
Té sarré pas lou col !!!...

XIX.

LO BOBARDO

(Épigramme)

Lous qué mé légissès, o *tal* ou *tal* éndréch,
Garo ! méfisas-bous dé *biél trasso d'èspléch*,
Dé *sac bouffit d'ourgul*, dé *lénguo dé bipèro,*
Qué pèrt fossos mouméns, è mét touto so glouèro,
  O faïré dé poquéch !...

N'ottaqui pas dégus dins soun porticuliè,
És poussiplé, bélèou, qu'én foguén moun méstié,
Tallo qué m'o sércat, pér éssè trop léngudo,
Aj' ottroppat sul nas, è qué siagué mourrudo,
  Coummo'n croc sémoillé !...

Déséspieï, sé pourrio, qué pér mè diffomma,
Lo nuèch coummo lou jour, faguè pas qué broma.
Ni sous *brans*, ni sous péch, mé trocassou pas gaïré.
L'y donni pér counsèl, s'o pas réspus o faïré,
  Dé s'ona récloma !...

Pot fourja dé coupléch (1) è lous faïré conta.
Ê qué n'ajé pas poou dé mé béïr' énquiéta !...
Lous qué lo counnouïssès, ou l'y poudès pla diré,
Déllo mé trufforaï, riraï è foraï riré,
  Sé mé bol trop buta !...

(1) Cette petite blagueuse s'était faite *chansonnière* et tournait tout le monde en ridicule.

Hounêstés junés-géns, qué s'ès dé soun poïs,
Porlèn pla francomén, *Louisou* bous ou dis :
« N'aï jomaï consounnat, oquél, pas maï qu'oquéllo ;
» Crésès-ou mous omich, n'és pas iéou, mais és *èllo*,
   Qué dé baoutrés sé ris !...

O fillos, o gorçous, o més un soubriquét !...
Hè bé coussi troubas, sé né cal dé toupét ?...
Mais, déqué pot sourti d'un *ouïré* dé souttisos,
Hormis quicon dé lourt, hormis dé soloupisos ?...
   Baï t'omoga *truffét* !...

M'és toumbat éntré mas, uno dé sos consous,
Qué put, o fa courri *poucèllos* è *téssous* !...
Chut ! chut ! né porlén pas ! Quand séro maï publiquo,
Olaro soulomén, né forén lo critiquo,
   O rir' oppréstas bous !...

Pérsounno bèstio, lourd' è falso tout ol cop,
Baï té loba lou nas, qué l'as pas mal solop !...
Pér pourré opporia consou tant *ourdurieïro*,
Tò corgut *mousilla* lou féns dé lo corrieïro,
   Disi pas rés dé trop !...

XX.

LOU SOCRISTÈN È LOU COMPONIÈ [1]

(Dialogue comique.)

JOCQUOU *lou socristèn*.

Qué disés, Nicoulas, as l'èrt tout countristat ?
To fénno, pér hosart, t'oourio pas counténtat ?...
Mé porés qué sios pas gaï coummo d'hobitudo,
As lou régart sérious è lo mino bourrudo.
Dé qué t'és orribat dé tristé, dé fochous ?
Dégus nous oousis pas, sén pas qué naoutrés dous...
Parlo-mé dé cè qué pot tant té chogrina,
Omé toun boun omic pér dé qué té joïna ?

NICOULAS *lou componiè*.

Béjo ! m'én parlés pas, aï lou nas qué m'én fumo !
Dé mé béïré focha n'as pas gaïré coustumò ;
Dé pus potiéns oïci né counnouissi pas cap,
M'én cal un brabé paouc, pér mé mouta lou cap.
On finis cépéndén pér pèrdré potiénço.

JOCQUOU.

Calcun dé tous bésis, t'ò fach uno insoulénço ?
Espliquo lou moutif dé toun indignotiou,
Sios tant énfumélat qué mé fas coumpossiou.

(1) C'est à la demande d'un de ses amis que l'auteur composa ce dialogue.

Nicoulas.

Jocquou, m'és orribat uno caouso pla duro.
Gordorio pas trés jours tant falso créoturo...

Jocquou.

Dé cal bos dounc parla ? Nou, siou pas ol courén,
Té sios émpotièntat omé caouqué porén,
Ou calqué biel frippoun t'o rooubat lo solcisso ?
Lo miouno, l'an possat, éncaro n'aï moliço,
Lo mé ponèrou pla sans diré sibouplèt.
Sé t'én oou fach ooutant, as rosou d'éss' énquièt...

Nicoulas.

Tu counnouïssés bé tant oquéllo bieillo nippo,
Qué bal pas soulomén lou *culot* d'uno pipo,
È qué déspieï sèt ans, sérbis nostré ritou ?

Jocquou.

T'oourio pas pér hosart bourgut faïré un poutou ?
Sabi qué dins soun téns èro prou dégourdido,
Omaï m'és éstach dich qu'obio fach lo cobrido.
È sério pas surprés, omaï siagués pla biel
Qué t'ojésso possat lou mourré joul copèl !...
Bélèou sios ottroppat, qué sé souén sooubado,
Tu n'ajés pas pouscut l'y tourna lo brossado.
Sé t'o jouat lou tour, té cal, un aoutré cop,
O lo plaço dél nas, l'y fa léca l'ésclop.

Nicoulas.

Saïqués d'oquél boussi sé séro bé gordado,
D'un brabé mouréjal lo t'oourio rébirado...

Jocquou.

Dios-mé dé qué t'o fach, qué siagués tant fachat ?
Mé tardo, créïs' ou pla, dé saoupré lo bértat.

NICOULAS.

Oquéllo *frétto-plach* bo] ména lo porouèsso...
Ol lioc d'un boun curat, n'obèn pas qu'uno *obèsso*,
Sé bol moïna dé tout, tout ou bol diricha,
Én codieïro, tout lèou, l'onan béïré précha...
Négro coummo'n tochou, sallo coummo' no pénjé
(Sé déborbouillo pas soulomén lou diménjé.)
Bol porétré quicon, prén un èrt dé fièrtat,
È quitto raromén lou toun d'ooutoritat.
Pérça qu'o dé toupét, n'és pas qué pus hoïssaplo.
Corrio pla bouyocha pér trouba lo sémblaplo !...

JOCQUOU.

Parlo'n bricou pus bas, siagués pus résérbat,
Qué s'èros énténdut tout sério roppourtat...
È tampla sé pourrio qu'én méns d'uno sémmano,
Té corguèsso boïla lo claou dé lo campano.

NICOULAS.

Orribé qué pourro... Téni déjà lou blat !...
Podi pas mé focha, m'én oou pas mal boïlat,
Lo sémmano qué bén, mo moïrino *Jonétto*,
Béndro m'occoumpogna pér léba l'ooumélétto.
È pieï quand lo téndraï, mé monquoro pas tout,
Sé caoucun mé trocass', è Morioun surtout,
On' oquél qué boudroou foraï possa lo cordo,
Mais mé béiroou jomaï crida miséricordo
Dobans lou mourré prin qué sérbis lou curat.
Béritaplé démoun sur terro délorgat...

JOCQUOU.

Lou curat, un démoun ? dél boun Dious n'as pas crénto ?

NICOULAS.

Ané, counfoundén pas... Parli dé lò sirbénto !...
Cè qué bénés d'énténdr', o toutès ou diraï,
Aï lounténs bouyochat, mais n'aï troubat jomaï
Créoturo sémblapl' on' oquéllo chombrieïro,

JOCQUOU.

Cépéndén cal pas tout traïré pér lo corrieïro...
Cal qué t'ajé pounchat è pounchat coummo cal.
Finis dé mé counta qu'és tout oquél trobal...
Dé té beïré ottristat, oquo mé fo dé péno...

NICOULAS.

Pél prémiè jour dé l'an m'o dounnat un' éstréno...
M'o trottat dé boourièn, dé gus, dé poulissoun...
Ou pogoras pus tart, paouro *bieillo Morioun!*...

JOCQUOU.

Dé qué ? Jusquo's oqui *Morioun* s'és oublidado ?

NICOULAS.

Obio Toutou molaout' è n'èro désoulado...
« Nicoulas, mé dièt, cal dé suito porti
» Lou médéci béléou l'ou né pourro sourti ! »
Èn mé porlén oïtal lo bieillo sé plourabo.
Sé fréttabo lous uèls è lou nas l'y rojabo,
Moussu Toutou lou biel s'èro loïssat couffla,
Dé sucré, dé boumbouns omaï dé chocola,
Tallomén qu'o'ttroppat lou mal dé lo couliquo.
O corgut ol golop porti pér Sént-Offriquo.
Sans qu'ojèssi lou téns dé mé faïré éspliqua,
Dé qu'èro oquél grand mal qué lou poudio piqua !
Lou médici dés cos èr'onat én compagno,

L'èrou béngut sèrca dél poïs dé monntagno,
Coussi faïré? pourtant m'én boulio pas tourna,
Sans émpourta quicon pér lou médicina,
Moussu l'opouticaïr' opprèst' uno poutinguo,
Lo mé baïl' è mé dis : « Prénès uno séringuo...
Sé lou molaouté fo mino dé jongoula,
Ottroppa-lou pél col, quitté dé l'éstrongla,
È boujorès oquo tout caout dins lo connèllo,
Tampla qué bourro pas dourbi lo pourtonello,
Mais, d'oun maï sorroro, d'oun maï burgorés fort,
O lo fi finiro pér locha lou réssort...
Forés l'oupérotiou péndén trés coch dé suito.
Onas-boun, pogorés pustart bostro bésito !... »
Répèti mot pér mot lo counsult' o Morioun.
Aï pichou ! N'aï prou dich : « Trasso dé poulissoun !
» N'obès imaginat uno dé pla poulido !
» Dé moun paouré *Toutou* né boulès o lo bido.
» L'y réussirés pas... Portissès, aoutromén,
» O so plaço bélèou, péndrias lou lobomén.
» Éspèço dé bourréou, mé crésès prou borbaro
» Pér bous pourr' éscouta.? Possas lo port' ou garo !...
» Ol lioc d'odouciméns qué cal o moun *Toutou*,
» Boulès dounna quicon qu'éscaouffo lou tripou ?
» Onas-bous omoga, mé sès pas qu'un ibrougno,
» È bîté, sé bous plaï, qué mé fosès bérgougno !
» E soubénès-bous pla qué s'èri lou curat.
» Dé lo claou dél clouquiè sérias déspoussédat !... »
Oquì né délorguèt dé négros è dé grisos.
Pér touto moun éstrén' ojèri dé souttisos !...

JOCQUOU.

Un lobomén sémblapl' èro'n bricou trop fort,
È copaplé, bint coch dé l'y dounna lo mort.

Ou toujour d'olluca caouqué floc dins so panso.
N'obios pas pla sochut répéta l'ourdounanso,
È sé n'èro crèbat, quanto désoulotiou ?
Lou déséspouèr coumplèt !... Jomaï counsoulotiou
N'oourio pouscut gogna lou cur dé lo chombrieïro ;
M'o fach soubén l'éffèt d'uno bieillo sourcieïro !...

NICOULAS.

Morioun è *Toutou*, quagné poulit porél !
Dins lou déportomén n'io pas un coumm' oquél.
Toutou, bièl occobat, o pérdudo lo bisto,
Coummo l'y beï pas rés, séguis pas qu'o lo pisto !
Ès sourt, dounc n'oousis pas tout cè qué l'on l'y dis...
Démour' o lo cousin' oqui manjo, dourmis !
Omaï siagué pla lourt, *Morioun* lou poupounno,
È lo mitat dél téns, furéjo qu'émpouïsounno.
Éllo dé téns én téns lou manjo dé poulous,
Jomaï millou poudioou s'occoupla toutés dous.
Lou co dé soun coustat, odoro so méstrésso.
Sap l'y randr' o soun tour corésso pér corésso,
Ès éstat orribat qué dins l'éscaouffomén,
Ajé pécat béléou pér trop dé séntimén !...
Maï d'un cop o lécat lou nas dé lo sirbénto.
Dé tout oquo *Morioun* és talomén counténto
Qu'o proumés dé gorda *Toutou* jusqu' o lo mort...

JOCQUOU.

Sus oquél dorniè pouën, troubi pas qu'ajés tort...

NICOULAS.

Mé dios pas rés pus d'oqué lo goubérnanto,
D'éllo ni dé soun co, n'aï jomaï obut panto !...
Crési, sans mé troumpa, lou curat malhérous...
D'oquél tisou dé floc diou pas éssé jolous.

Cal oourio poou dé pèrdr' uno tallo coummèro.
Toupèt d'un biel jondarm' è lénguo dé bipèro,
Sou lous dous éstruméns qu'émployo cado jour,
O faïr' o lous qué pot caouqué trasso dé tour...
Bo pla dé sé gorda d'oquéllo bèstio follo,
Socristén, componiè, chantrés, méstrè d'éscolo,
Io cado jour caoucun qué passo pér soun bec.
Pér éllo baou fini dé gorda lou réspèc...
Sé lo mousquo m'ottrapp' om'un fouét o cinq branquos,
Caouqué sér ou môti l'y fouïtoraï los anquos.

Un biel proubèrbé dis : chombrieïro dé curat
Manquo pas dé toupèt, ni dé coninétat...

XXI

Lous boulurs dé solcisso!...

(Satire.)

Trés frippouns, trés couquis, un jour dé l'an possat (1),
Mé rooubèrou *solciss'*, *ioros* è *mélsat*!...
Oquo's égal, m'oou fach uno brab' énjustiço.
Monquèri pla lou cop, d'énfourma lo justiço.
Oquélés socripans!... Moun dious, qué cal poti!
Mé jouèrou lou tour un diménché moti.
Péndén qué tout lou mound' èr' onat o lo mèsso,

(1) C'est le 6 mars 1874, jour de dimanche, que ledit vol fut commis au préjudice de *l'auteur*.

Ah ! boulurs m'obès fach un poulit tour d'odrésso.
Dé solcisso, n'iobio bint ou binto-cinq pans,
M'obio coustat lou méns , dé quinzé ò séché frans.
« Trassos dé poulissouns, l'ojèrés lèou troubado
» Ol poundé dé l'oustal, lo béchèrés pénjado !
» L'obio plaçad' oquì pér lo faïré séca ;
» Un aoutré cop, boourièns, tournas-lo-l'y sérca.
» Dé poou dé né loïssa prénguèrés lo pérgado !...
» Encaro, sé bous plaï, iéou l'obio pas tostado ! »
..... Lous coupaplés, tout léou, lous ojèri troubach !
Dous ou trés jours oprès, sousquèrou déssolach.
N'èro pas lou bésoun , pas qué lo goulooudiso ;
Qué l'y méttèt ol cap, dé faïré lo souttiso !...
Dous hommés, uno fénn', èrou dins lou coumplot,
Uno fénno, moun dious ! qu'és bèstio coummo'n *piot*,
És lourdo qué jomaï, és oïssaplo qué crébo !...
Sé l'ogochas un paouc, crèsès beïr' uno *trèbo* !...
Jomaï, pér un comi, sé lo bésias morcha,
Pér curiousitat lo boudrias ogocha !...
L'on dirio qué pot pas bouléga lo corcasso...
Rés qué rèssémblé maï os uno *truèjo* grasso !...
Fo bé tout cè qué pot pér sé dounna dé toun,
Mais dè quicon dé lourt, gordoro lou rénoun.
O lou nas pla croucut, los sillos toutos coufflos,
Lous uels grossés è blans, los gaoutos trop potoufflos.
Los cambos dé trobès, lous réns toutés tourach ,
Coummo s'o coch dé pals, lous l'y t'oou démorgach.
Sé caouqué coumédièn, lo prénio pér chombrieïro,
Pourrio pla, pér dous soous, lo fa beïr' o lo fiéïro...
Bèrtat qu'oquéllo fénn', és quicon dé curious !...
D'ello n'aï dich prou long... Possén os aoutrés dous.
Dèl *ségound*, pér déqué né faïré lo pintruro ?

N'és pas, dél cap os pès, qu'uno corricoturo !...
Diraï, tout simplomén, qu'oquo's pér coumplosénso
Qué sé foguèt boulur... Oïtal maï d'un ou pénso.
So michanto coumpagn' o fach so pérditiou
O pérdut pél moumén touto réputotiou !
Ol cap dé caouqués jours qué l'ojèt éspousado,
Ol lioc dé l'éscouta, sé l'obio mourréjado,
Né sério pas oqui, s'és fléttrit pér toujour,
Tampis pér él, tampis, pér dé qu'o fach lo cour,
Os uno *Madéloun*, tant lourdo, tant michanto ?
Dé bité s'éstopli colio qu'ojèsso panto !...
Pér lo bourré flotta s'és rondut malhérous...
Lo gardé pér qué l'o, dégus n'és pas jolous !...
..... Lou troisièmé *frippoun*, ojén pérdut lo bisto,
Bal pas maï pér oquo ; toujour és o lo pisto,
Dé tout cè qué sé fo, dé tout cè qué sé dis...
Lou jour coummo lo nuèch oquél hommé courris.
Es énfirm', és obucl', è malgrè so misèro,
O coumméttré lou mal mét so pus grando glouèro.
Pér sous michans counséls orribou fosso tors...
Garo ! quand l'oï séro dins lou poïs dés mors !...
Sans él, m'oourioou pas prés ni mélsat, ni solcisso,
Oquél trasso d'oubriè, n'o pas qué dé moliço,
Pourtant, quancés dé coch qué l'aï oppitonsat...
Qué s'oï tourn', è béïro qué séro coréssat !...
És égal, tòt ou tart, né pourtoro lo péno !...
Lou bésèn qué déjà n'o pas qué lo coudéno.
Maï d'un cop o pénsat fa lou dorgné bodal.
Griffét, quand lou téndro, sé riro coummo cal !...
Él és caouso dé tout, él és lou pus coupaplé
Mais lo fièbré lou tén, és bé prou miséraplé !
« Mo solcisso, boulurs, bous o pas fach proufit,
» Gaïré maï lou mélsat, m'oou dich qu'obio pér it,

» Porés qu'un postrounèl, én gordén los poucèllos,
» Troubèt tout dins un rèc, ol founs dé los *prodèllos*.
» Oquél bol bous o pas o péno proufitat ;
» Cépéndén dé pla luèn dé baoutrés s'és blaguat.
» Bous sès fach lou rénoun dé moundé sans counsciénço
» Oourias pla méritat dé faïré péniténço.
» Poudès mé rémércia, sé bous oou pérdounnach,
» Sans ieou cértènomén, sèrias éstach couffrach ! (1)
» Garo ! sé l'y tournas, oourés dé mos noubèllos !...
» Aï fach dé *sooucissoch*, omaï d'*ioros* noubèllos,
» Ponas-ou-mé, frippouns, béïrés dé qué foraï.
» Sé bous pré ni sul fèt bous éstorussoraï !
» Goulaous ! trés coch goulaous, croumpas-né dé solcisso
» È dins bostrés oustals béïrés pas lo justiço.
» Oquo's bé pla poulit !... Onas ounté bourrés,
» Qué sousqués counnéscuch, dé pértout oousirés,
» Lous grands è lous pichous, om'un toun dé moliço,
» Diré : « bésès possa *Lous boulurs dé solcisso !...* »

XXII

LO RÉCEPTIOU DÉ L'ÉBESQUÉ O N.... (2)

Diologué éntré BERNAT è PIORROU

(Monorime en at.)

BERNAT.
« Cal sap ount' ès onat,
» Moussu lou Mojistrat,

(1) La justice étant parvenue à découvrir les coupables, l'auteur demanda grâce pour eux.
(2) Dans une commune du département du Tarn.

» Pértout l'obén sércat
» È l'obèn pas troubat
» Saïqué s'és omogat !....
È lou brabé Bérnat
Cridabo coummo' n fat !

PIORROU.

Déqué cridos, Bérnat
Saïqué té sios pintat ?...

BÉRNAT.

Bos qué siagué bondat
Qué d'hueï l'aï pas tostat ?

PIORROU.

Déqué t'és orribat,
Qué sémblos poussédat ?
Sabi qué sios éstat
È que sios *trélucat*.
Mais jomaï, *per mo fiat*
T'aï pas bist tant mountat,
Ni maï tant trocossat !

BÉRNAT.

Bos saoupré lo bèrtat ?

PIORROU.

Parlo, brabé Bèrnat
Qué séras éscoutat !...

BÉRNAT.

L'Ebésqu' ès obitat
En porfèto sontat.
Coummo s'èr' onnounçat.
Tout èro préporat.
Obioou monigonçat

Un pobilloun doourat
Qu'èro pas mal tourcat.
Éntré qué lou Prélat
Dé bouëtur' o sooutat
Nostré brabé curat
Daoous él s'és obonçat,
È l'o coumpliméntat
Mounségnur, prou copat,
L'y t'o pla répliquat,
È pieï t'o délorgat
Un grand *Bénédicat*
Sul popl' ojinouillat.
Los fillos oou contat
L'èrt dél *Magnificat*!.
Lo brigad' o morchat
Lou sabré désplégat.
Lou *suisso*, pla pimpat,
Lou bostou tout quillat,
Daous lo gleïs' o filat...
Lou popl' un cop dintrat,
L'Ebésqué décidat,
Én codieïr' és mountat,
È nous o pla préchat...

PIORROU.

Tout oquo t'o fochat?...

BÉRNAT.

Uno caous' o monquat...
Toutés oou rémorquat
Qu'oquél qu'obén noummat
Pér nostré mojistrat.
Oquì s'és pas moustrat.
Sé s'èro préséntat

Coummo cal ornéscat,
L'Ebésqué sério' stat
Cértènomén flottat
D'oquell' hounéstétat.

PIORROU.

Èro trop occupat,
È n'oouro pas pénsat
Qué moussu lou curat
L'yn' ojesso porlat

BÉRNAT.

Oquél biel cap ploumat
Jomaï n'o pas oïmat
Ni *gleïso* ni clérjat.

PIORROU

N'és pas dounc botéjat ?

BERNAT

Oquo's l'asé bordat
D'oquélés qu'oou cridat :
« Bibo lo libertat !
« Bibo l'égalitat !
« È lo froternitat !
È qu'oou toujours loïssat
Lou boun Dious dé coustat.

PIORROU

Nou, nou, té sios troumpat,
El sé séro pénsat,
Qué prou fobourisat
Dé l'esprit dé *bountat*,
Dé pas, dé coritat,
Dé siénço, dé clortat,

È surtout d'*équitat*,
Él poudio sans pécat,
Sè tira dé coustat....

BERNAT

Tu lou crésès rusat.
S'aï pas s'o counfirmat,
Mais, l'esprit qu'o mounstrat,,
Despieï qu'és mojistrat,
Io pas jomaï trooucat,
Lou copél qu'o pourtat.

PIORROU

Mais l'odjouén s'èro' stat
Tout éscas obisat
L'oourio-bé romploçat ?

BERNAT

L'odjouén, n'ès pas rusat !
Es-bé trop émboourat,
Soun Mèstré l'o gostat !...
Oquo's uno piétat !....
Jomaï én béritat
M.... s'ès pas troubat
Tant mal administrat !...

PIERROU

Moun boun omic Bernat,
Siagos pus réserbat,
Qué s'èros éscoutat,
Tout sério roppourtat !...

BERNAT

Quand souèissi pénjat,
Séraï pas émpochat

Dé diré lo bértat.
Sur cè qué s'ès possat.....

PIORROU

Aro qu'as coufféssat
Cal pas téné borjat
Contro lo coritat....
D'aillurs, oquo's possat
L'Ebésqu'o counfirmat.
Counténr s'én ès tournat,
S'èro maï démourat,
Tanpla qué lou curat.
Dé lou tén'orribat,
Sè sério léou lossat !...
Laïss'oquo dé coustat,
Trinquén o lo sontat
Dé nostr'ooutoritat.

BERNAT

Nou, siou pas dispoousat.
Siou trop countroriat !...

PIERROU

Siagués pas éstounat
Dè cè qué s'és possat.
Caoucun m'o roppourtat
Qué nostré Mojistrat
És éstat inquiétat
Per caouqué biél pécat
Qué l'y t'oou réssércat.
Oou mêmés ojustat
Qu'èro' stat coundomnat
O quitta soun éstat.
E' qué despieï, mottat,

Counfus, humiliàt,
Sé ténio récottat !

BERNAT.

Mais lou bruch o pourtat
Qué nostré Député
L'obio tant proutéjat
Qu'èro' stat pérdounnat !

PIORROU.

Lou téns èro possat
Pér lo pénolitat,
È sé l'oou pas couffrat,
S'én ès pas pla monquat !
Lo lèbr' o bé morchat,
Mais n'o pas tout gognat.

BERNAT.

D'aillurs l'Ooutoritat
N'o pas jomaï monjat
Lou gibié qué s'ès tuat
Dins lou téns prouhibat...

PIORROU.

Quantés dé coch, Bérnat !...

BÉRNAT.

E lo leï ?

PIORROU.

    Dé coustat !...

BÉRNAT.

Sé sès oïtal possat,
Ès un' éndignitat.
Ès égal, ès tocat

Nostré bièl Mojistrat.
Dins lo souciètat,
Jusquos qu'oouro cutat,
Dél dét séro moustrat !
Séraï lèou counsoulat,
Quand m'oouroou roppourtat
Qu'ès éstat dégoumat.

PIORROU.

Qu'obèn n'aoutrés monquat
Quand l'obèn rénoummat !

BÉRNAT.

Pér él n'aï pas boutat,
È né siou pas fochat.
Tu té sios ottroppat !

PIORROU.

S'èri lou soul, Bérnat !...

XXIII

LO POUSSÉSSIOU DÉ NOSTRO-DAMO

Pér lous quinzé d'ogoust, fèsto dé déboutiou,
L'usaché's éstoplit dé fa lo pousséssiou.
Los fénnos, oquel jour, pér sé méttré én touolètto,
Cè qu'oou dé pus poulit, sourtissou dé lo bouëto,
S'olisou brabomén, è quittou pas l'oustal,
Sans oburé ogochat, *quinzé coch* lou miral !...
È piey, lou cap quillat portissou pér lo mésso !

Pér dé coufflun, n'oou prou, d'humilitat, pas jésso.
Contro lou trop dé lux', omaï dé bonitat,
Dé tout téns lous curach oou talomén préchat,
Qu'ol lioc dé né fa méns, lou sèx' éncourrigiplé,
S'éscrimo cado jour o ténta l'émpoussiplé...
Lèctous, m'éscusorés. Oquo's pér distroctiou,
Qué faou, tout én possén, oquéllo réfléctiou...
Porlén paouc, porlén plà, lou suchèt ou réclamo,
Sèn o lo pousséssiou dèl jour dè *Nostro-Damo* !...
Lou téns és magnifiqu', è Moussu lou Curat,
Bol célébra lo fèst' omé soulonnitat !...
O dich dé déspléga los poulidos boniéïros,
Los fénnos oquél cop, possoroou los prémieïros...
È lous clèrgués, pimpach coummo dé cordinals,
Brilloroou tant ou maï qu'os pus grans fésténals !...
Obans qué dé porti, récoummand' o los fillos.
Dé morcha dos pér dos è d'èssé pla jontillos.
D'ona poousadomén, dé conta coummo cal.
Tout én sé roppélén qué n'és pas *cornobal* !...
Fo saoupr' os junés-géns, dé los loïssa tronquilos,
Dé quitta lou copèl è dé faïré dos filos...
Cargo lou suisso *Luc* dé pla faïré otténtiou.
Dé rompli soun débér péndén lo pousséssiou.
Luc, l'émpogaplé *Luc*, qu'és més sul trénto-quatré.
O pla tout énténdut, sé cal, sé soouro battré !...
Toutés né sabou prou... Mais oquéllo porouèsso,
D'éscouta soun curat, n'obio pas gaïré prèsso !...
Oquél hommé poudio dir' ol pèr' Étérnèl :
« Moun Dious ! dé qué foraï d'oquél paouré troupèl ?
» Sé pér lou coumbérti, mé sès pas sécouraplé,
» Démouroro coput, séro toujour oïssaplé !...
» O né tira quicon, jomaï réussiraï,
» Bèstio l'aï réssochut, bèstio lou loïssoraï !...

» Quand bostré Sént-Ésprit sus aoutrés dobolabo,
» Oquél poplé, cal sap oùn diantrés sé troubabo ? »

⁂

Lo mésso bo fini... Uno bouès dé *stantor*,
Coumménço d'éntounna lou *Véni créator*...
Lou *Suisso* sé bo méttr' obàl sus lo grand' porto...
És tout énfumélat, lo coulèro lou porto...
Omé lou socristèn bén dé sé disputa,
Fénnéttos, gordas-bous dé lou faïr' énquiéta...
S'ònabès, pér malhur, éssè trop insouléntos,
Sé pourrio qué tampla, tournèssés mal counténtos...
Lo pousséssiou sourtis. Mothiou porto lo crous.
(És éstat dé tout téns, d'oquél hounou jolous.)
Corgat d'oquél fordèou, fier, trobèrso lo plaço
Sans sé préoccupa dé cé qué l'y sé passo.
Lo compan' ol clouquiè, coummo cal sé brondis,
Mais o lou soun félat, sémblo qu'éstobonis...
Luc sé mét o crida «Prenez donc votre place.
» *Le second*, du premier doit bien suivre la trace,
» Et tâchons d'éviter toute confusion,
» Pendant le long parcours de la procession !... »
Luc, sobio caouqué mot dé lo lénguo françéso.
O soun oustal, jomaï, l'obio pas gaïré oppréso.
Mais éro'stat souldat, è copoural-fourriè ;
Dé sorto qu'én foguén oquél brabé méstiè,
Réténguèt caouquo phras', è piey lo répétabo !
Lou boun froncés, sobès coussi l'éscorroougnabo.
Èn coummondén fosio tournéja lou copèl,
Lébabo lou bostou !... Moubémén soulonnèl !...
« Èh ! vous autres, là-bas, n'allez donc pas si vîte.
» A modérér le pas, enfants, je vous invite.
» Vous êtes sous mes yeux. Faites attention !

» Je saurais châtier toute insoumission. »
Lou qué s'éspliqu' oïtal, és lou mèstré d'éscolo,
Un paouc sourt, déjà biél, qué dirijo so colo !...
Tout coummando, tout crid', excéptat *Piorrounét*,
Qué, pla débotomén, passo lou chipélèt !...
Ès quicon dé curious d'énténdré lous contaïres...
Coumm' oquélés, pla luèn, né trouborias pas gaïrés.
Obans d'ona' lo mess', oou bégut un coupét,
Otobé, lous bésès qu'oou pas mal dé toupét...
O forço dé gousiè cantou *lo litonio*
Ou lou *Magnificat* dé lo *Bierjo-Morio*...
Ou foou pas pla poulit... Maï d'un pér distroctiou,
Dis l'*Ora pro nobis*, obans l'énboucotiou...
Tout lou moundé sé ris, mèstré d'éscolo, mairo.
Pas moussu lou Curat, qué fumo dé coulèro !...
Trépigno sus sous pès : « *Pitié pour eux, Seigneur!*
» *Savent-ils ce qu'ils font? Eh non! Pardonnez-leur*
» *Bien que ces chantres-là ne vaillent pas la corde,*
» *J'implore en leur faveur, votre miséricorde...*
» *Les plus jeunes sont soûls, les autres sont trop*
[*vieux.*
» *Une autre fois, peut-être, ils s'en sortiront mieux!*
» *Excusez-les aussi, compatissante mère,*
» *Ils chantent de travers, mais ils croient de bien*
[*faire!...*

✦

Lo pousséssiou, dél mas o déjà fach lou tour.
O més proché d'un' hour' o bira lou countour !...
Fo pas ni fréch, ni caout, lou poplé sé régalo,
Luc és lou soul qu'és las, dé fa monto dobalo !...
..... Lo béillo d'oquél jour, un grand bén dé mori,
S'élébèt daous mièchoùr, o faïré tout péri !...
Noun countén dé buffa, dé ména dé topaché,

Os corrèous, os tudèls obio fach dé frocaché...
Justomén o l'oustal qu'èro dobans lo crous,
Quand sè souèt colmat, né monquèt maï dé dous...
Un brabé *bitriè*, sè troubén dé possaché,
Sé présént' è s'ouffris o guéri lou doumaché.
Lous géns d'oquél éstat prégou Dious qué lou bén,
Buff' o tout émpourta, qu'ou fagué pla soubén...
Los fénestros qu'obio lou maï éndoumochados,
Os mémbrés dé détras sé troubabou ploçados,
Lou mèstré sé pénsèt qué, sans éncoumbénién,
Un possant malhèrous poudio parfètemén,
Sans coumméttr' un pécat, tourna rémettr' én plaço,
Caouqués corrèous coupach... Daillurs dé sur lo plaço
Poudio pas èssé bist quand forio soun trobal.
È pieï, lous couréns d'èrt, sobén qué foou dé mal.
Ol pus léou qué l'on pot l'y cal coupa possaché...
Oprès oburé fach tout lou porcours d'usaché,
Lo pousséssiou s'orrèst' ol dobans dé lo crous,
È lou mound' o jinouls, om' un èrt déboutious,
Espèro lou curat qué marcho lou dorniè !...
Lou *suiss'*, én otténdén, fo coummo'n bostounniè...
Lèbo lo triqu' én lèrt è biro sus tolous.
(*Luc*, l'y nous troumpén pas, n'és pas pla bèrgougnous)
Sans sé préocupa s'oquo's un jour dé fèsto,
O faïré soun trobal, mèstré bitriè s'opprèsto...
Sourtis soun dioman, sé mét o mortélla
Péndén qu'un chantré cant' : *Ave maris stella* !
Lou *suiss'* on oquél bruch, ogacho d'aous pértout.
Sé bir' o dréch' o gaouch' è beï pas rés dé tout.
Ol chantré, lou curat, émpaouso lou silénço ;
Oquésté l'y réspon pér uno rébérénço,
È s'orrèsto tout court... Pan ! Pan ! lou mortélou,
Dé pus fort én pus fort tusto sul clobélou !...

Lou curat : « *Eh bien donc!... D'où vient tout ce*
[*tapage?*
» *A la religion faire un semblable outrage!...*
» *Luc, Luc, fais ton devoir, si c'est quelque mar-*
[*mot,*
» *Prends-le moi par l'oreille et tire comme il faut.*
» *Si l'auteur de ce bruit est homme raisonnable,*
» *Dis-lui bien de ma part qu'il n'est pas pardonna-*
[*ble.*
» *Vas parcourir les rangs et reviens au plus vite.*
— *Luc l'y réspon* : « *J'y vas et suis là tout de suite.*
— Portis... bo fa lou tour... è l'y mét pas bel briou..
O lèou bist d'un cop d'uel touto lo pousséssiou...
Tout lou mound' o jinouls, és dins l'impotiènço,
Caouqués-unés qué n'io, foou mêmés péniténço
D'éspéra tant dé téns... Déjà lour déboutiou
L'y dis dé sé possa dé bénédictiou...
Lou *suisso*, d'un tal bruch, sans déscoubri lo sourço,
Daous moussu lou curat tourno bit' o l'éscourso.
« *Grégoire, reprenez sur un ton solennel!* »
Grégouèro bol conta, mais lous coch dé mortel,
Tornou maï qué jomaï, coumménça lou topaché...
Oquésté cop lou *suiss*' o pérdut tout couraché,
Lou curat o soun tour né pot pas rébéni,
E béchén qué lou bruch jomaï bol pas fini,
Portis coummo lou bén, è laïss' oquì soun moundé.
Lou *bitriè* tusto tant, qué fo trombla lou poundé...
Sans s'énquiéta dé rés, fo toujour soun méstiè.
Péndén qué lou curat, o l'aïgo bénitié
Bo trémpa l'ésporsou pér counjura lou diaplé...
... Un dés témouèns, *Jonet*, qu'aïmo dé fa l'oïssaplé,
M'o roccountat lou fèt, crésès-lou sé boulès...
Oquél *Jonet* soubén blago tant dé trobès,

Qu'o pouscut, tout éscas, l'yn ojusta dél siouné...
Tiras-né lo mitat, lou résto séro miouné !...

XXIV

S'ÈS DÉFOURCAT !...

O moun amic Théophilo !...

(Epître)

Té baou counta quicon qué té foro pla riré !...
Io déjà caouqués jours qu' ou té boulio bé diré,
Mais jomaï n'obio pas roncountrat l'ouccosiou.
..... As counnéscut dé noun è dé réputotiou
Un hommé... grand, gros lourt, d'uno trasso dé mino,
Un brabé paouc gorrèl è corgat dé cousino,
Un hommé qué fo tout pér èssé pla poulit,
È qué pogorias pas lo mitat d'un ordit.
Un hommé mièch folourt, qu'ojèt lo malodrésso,
Sans n'oburé lou drèch, dé s'én ona' lo mésso,
Pélérino sul col, rabat blanc pér-déssus,
Tout-o-fèt décidat o conta *Dominus*...
È qué tout asé qu'ès, oourio corgat lo mîtro ?
Oquos él qué bo fa lou suchèt dé l'épîtro...
S'ou bos pourré rétèn' ou té cal éscouta,
Oouras lèou l'ouccosiou d'ou tourna répéta.
..... Hierc, bénguèt o l'oustal én coustumé loïqué ;
Tusto, dourbis lo portò, è d'un toun omphotiqué,
Sé mét o m'onnounça cé qué toutés sobian,
Qué bol quitta lou froc pél prémié jour dé l'an.
En dintrén mé dièt : « — Ah ! que je vous embrasse !...

— » Monsieur, lui répondis-je, ah! veuillez prendre
[place
» Sur ce mauvais séant que je puis vous offrir !
» Que je voudrais avoir pour vous faire plaisir,
» Sofas et canapés, élégante banquette ;
» Que je voudrais pouvoir sonner de la trompette
» Pour publier au loin que vous êtes ici !... »
M'interrompant : « — Monsieur, très-bien ! merci !
» Voulez-vous m'accorder un instant d'audience ;
» Je veux vous dévoiler en toute confidence
» Les projets que je roule en mon *vaste* cerveau...
— « Parlez, vite, parlez... Qu'y a-t-il de nouveau ?
» Il me semble, en effet, à voir votre figure,
» A voir de vos habits, l'élégante tournure,
» Et puis cet air faquin, ce ton prétentieux,
» Que vous ne voulez plus être religieux !... »
— « Justement, » répond-il, et d'un ton d'assurance,
« J'ai formé, tu le sais, un vœu d'obéissance,
» Ce grand vœu, je ne puis plus longtemps l'accomplir ;
» De la communauté, je dois enfin sortir. »
— Ah ! brigan ! mé pénsér', hypoucrito finit ;
Coummo sè sobian pas quagné poulit proufit,
Déséspieï caouqué téns, as fach dé lo soutano,
Té méritorios pla dé brabés coch dé cano !...
— « Tu sais combien j'aimais la méditation...
» Interrogeant le Ciel sur ma vocation,
» Une voix surhumaine, ô prodige ! ô merveille !
» Au milieu d'une nuit, vint frapper mon oreille.
» Et cette voix me dit : « *Mathieu*, vas à Paris !
» Là, les gens comme toi vivent sans nuls soucis !...
» Que de peines, de maux, si tu demeures *frère*,
» A Paris, il paraît que tout vient sans rien faire. »

» Je dois partir lundi ; garde bien le secret...
» Je te le recommande. Ah çà ! sois bien discret !... »
Ojèri pas pus lèou oousit un tal léngaché,
Qué séntissi moun cur s'énflomma dé couraché,
Mé lèbi, décidat o l'y soouta déssus.
O lou souffléttéja coummo'n trasso dé gus !
Saïqué n'ojèt bé poou, qu'onnooussèt lo codaoulo,
Fiquèt lou camp défor', én brondién so gaoulo..
Obio déjà gognat dèch passés dé comi,
Quand mé dièt : « Bonjour, adieu, mon cher ami !... »
L'ogochèr' un moumén trobèrsa sus lo plaço,
Mais, rés dé pus sémblapl' os uno maouro grasso,
Boulio bé prou porétr' un hommé dé gran toun,
Éssojabo bé prou dé corga dé rénoun,
Mais, l'y sobio pas rés... Èro bèsti' hobillado,
Sus dous pès dé dorrès, tout simplomén quillado !..
Né finirio pas d'huèy s'ou boulio tout counta,
Té diraï soulomén obans dé m'orrésta,
Qu'un cop qu'ojèt finit dé déspénsa so bourso
Sé troubén sul pobat, sans cap pus dé réssourso,
Sé décidèt pér forç' o tourna d'aous soun païré,
L'y manquo dé boun sén, dé qué l'y boulès faïré ?...
Odiou, jusqu' ol rébéïr', è laïsso m'oquèl fat,
Qué déscrido pér tout nostro souciétat !...

Lo paouro Chombrieïro

DÉ GASTO-PLUMO.

(Chansonnette comique.)

Air : *Au clair de la lune.*

I

Moussu Gasto-plumo,
Bièl gratto-popiè,
Coummo dé coustumo,
Fosio soun méstiè.
Orribo Jocrisso,
D'un èrt décidat,
Oquo's lo justiço
Qué l'o coummondat !

II

Dél grigou s'opprocho,
O passés dé cat...
Sourtis dé so pocho
Un popié morcat...
Lou mét sus lo taoulo,
Fort hounnèstomén,
Lèbo lo codaoulo
È sén bo countén.

III

Lo poou l'ossossino,
Lou paouré bieillas !...

Né prén tristo mino,
S'én frètto lou nas...
Dé coulèro péto,
Poumpis pér l'oustal,
Lo racho l'éspéto
Oquél cornobal !...

IV

Bén so cousinieïro
Pér lou counsoula.
D'un cop dé codieïro,
Lo fo bourdéla.
Lou diaplé lou porto,
Sémblo poussédat.
Jomaï dé lo sorto,
L'oou bist tant mountat !

V

Lo paouro chombrieïro,
Sé dol coummo cal !...
Bo pér lo corrieïro,
Rocounta soun mal.
Plouro, se désoulo,
Dis qué soun Moussu,
Io fach un' ompoulo
Ol *Turtututu !*..... (1)

VI

— « Saïqué, brabo fillo,
» L'ias mal réspoundut »
L'y dis Pétrounillo,
Sorré d'él *Bourrut*.

(1) Par défaut de prononciation.

« On dé graïs d'énduro,
» Tén lou mal groïssat,
» As lo pèl prou duro,
» Séro lèou possat. »

VII

— « S'oquo duro gaïré,
» L'y téndraï pas pus.
» Moussu bostré fraïré
» És un ficut *gus* !
» O fach dé souttisos,
» L'oou mondat béni,
» N'o fach dé trop grisos,
» Lou bolou puni !...

VII

» Déspieï qué Jocrisso
» L'és béngut cita,
» Lo fièbré lou fisso,
» Lou fo déspita,
» Cal qu'an' o lo barro
» Dissaté qué bé,
» Aï ! Lo poou lou sarro,
» L'y fo pas dé bé !...

VIII

» N'és pas pus poussiplé
» D'ess' o soun éntour...
» Qué japé, qué siplé
» La nuèch è lou jour !...
» Es plé dé moliço
» N'o trop céquélâ,
» Basté lo justiço
» Lou té castié pla !

IX

» Ol mièch dé l'onnado,
» Dins lou més dé maï,
» Quand m'oouro pogado,
» Ieou lou quittoraï.
» È pieï, qué s'orrénjé
» Croupo dé comél.
» Qué boudro lou pénjé,
» E tané so pèl !...

X

Oïtal s'éxplicabo
Fillo dé *Thoumas*,
È soubén grottabo
Soun mal dé détras.
Lo paouro *Cristino*,
Fo pas qué jingua !...
Dis o so bésino.
Dé lo poutingua.

XI

Dé mo consounnétto
Escoutas lo fi,
És pla poulidétto,
Lo bous cal oousi :
Moussu lou grottaïré
Porés ol porquét,
Oï ! moun Dious ! pécaïré,
S'én torno mouquét !...

XII

Déspieï, sus lo plaço,
Pér lou soluda,
Cado cop qué passo,

L'on oousis crida :
« Béjo *Gasto-plumo*
« Lou trasso dé gus !...
« Coummo dé coustumo
« Grottoro pas pus !... »

XXVI.

OS ÉLÉCTOUS DÉ N...

(Épître).

Couraché! Poïsans, dins caouqués jours l'y sèn !... (1)
Oquo' s lou binto-sèt dél més qué courrissèn,
Qué baoutrés onorés traïré dins la coïssétto
Lou noun d'oquél moussu qu'én plaço dé R......to
Séro bostr' oboucat ol counsél général....
Otténtiou, sé bous plaï, dè coousi coummo cal !...
Sobès, sé pér malhur, fosias uno béstiso,
Pourrias qué dins trés ans guéri bostro souttiso.
Lo caouso, crésè-mé, mérito rélléctiou,
Fosès bostré débér, Poïsans, otténtiou ;
Méfisas-bous d'oquél qué bous bén coréssa...
O l'éscouta jomaï bous cal pas trop préssa.
Maï d'un cop ou bésèn, tal qu'o lo bourso pléno,
Aïmo pla lous hounous, è pas gaïré lo péno.
L'y sé cal pas trompa, lou qué nous proumèt tout,
És oquél pla soubén qué fo pas rés dé tout.

(1) Élections au Conseil général.

Bous laïssés pas ména, fosès o bostro guiso,
Suffis qué bous beïroou pourta lo bèsto griso,
E morcha cado jour cooussach omé d'éscloch,
Diroou : Lous Poïsans sou d'asés, sou dé soch.
Cal tén oquél léngach ? Oquo' s dé géns én plaço,
Qué bous ojén troumpach pieï bous foou lo grimaço
N'és pas un éléctou dél contou dé N...oun
Qué bous dis tout oquo, pus tart soourés moun noun.
Pér cap dé *condidat* faou pas lo proupogando,
Otobé, pér hosart, sé caoucun mé démando,
Sus l'aoutr' ou sus oquél quant' és moun oupiniou,
O saoupré mo réspouns' éspéro' n brabé briou.
Mais, moun cousi, dissat' onèt o Sént-Offriquo,
È croumpèt én possén uno fuillo publiquo
Qué l'y coustèt trés soous... M'ossètt' ol pè dél floc,
È tout én mé cooufén, ieou né légiss' un floc...
Sus oquél grand popiè qué sérbis de troumpétto,
Bési qué F......ét, M......lo, R......to,
Déséspieï maï d'un més sé luchou coummo cal,
Pér ona l'un ou l'aoutr' ol counsél général.
Sou *trés*, poudès coousi, lou fèt és sans répliquo,
È pieï lo libértat, én téns dé Républiquo.
F......ét, s'ou moou dich, fo méstiè d'oboucat,
R......to, porétrio qué n'o pas cap d'éstat.
Sus oquélés d'oqui diraï pas rés éncaro,
Lous counnouïssi pas prou, pér pourré crida : garo !
Counnouïssi M.....lo, és un boun médici,
Lou millou dé bèl cop, lou millou d'oproïci.
Crésès mé, Poïsans, oquél n'o dé copucho !
Otobé, sé sobias, lo crénto pas lo lucho...
Caoucun qué sé disio compognart dé *Mountlaou*,
(Dibio sinna soun noun, oh ! lou ficut bodaou !)
Oquél d'oqui jomaï corgoro pas lo mîtro

Bourguèt, o soun suchèt, un jour faïr' un épîtro
En dién : M....lo , oïci lou counnouïssèn,
Pér oquésté poïs, és trop républiquèn.
Lou qu'obio' scrich oquo, n'ojèt uno fréttado.
M.....lo réspon uno léttro sorrado;
Lo réspounso, porés qu'o prouduit boun éffèt,
Pérçaqué lou blogaïr' o colat tout-o-fét.....
Dégus n'o pas légit éncaro so répliquo.
Basté, qué déséspieï n'ajé pas lo couliquo !...
Mous brabés Poïsans, crésès-mé, pél ségur,
Counnouissi M......, és un hommè dé cur !
Un hommé qu'o sochut, o caouso dé so sciénço,
Dé tout nostré poïs gogna lo counfiénço.
Lou parlo coummo cal, lou parlo lou froncés,
Boutas, n'ojès pas poou, qué l'oï mont' o Roudés,
È béïrés sé soouro préné bostro défénso !...
Bo pas pér dous comis , él dis tout cé qué pénso...
Ès boun républiquén, mais n'és pas *rodical* ;
Otténtiou, Poïsans, oquo' s lou qué bous cal !...
Sès fossés qué dirés : « Es trop bou médici,
» È sé boutan pér él s'én onoro d'oïci
» Trés ou quatré fés l'an, péndén uno sémano,
» Pieï cal nous souognoro, s'ottropan lo *morrano ?*... »
N'ojés pas poou d'oquo, boutas toujour pér él...
Oquél qué fo léba sus naoûtrés soun sourél,
E qu'occourd' o chacun cé qué chacun mérito,
Foro qué n'oourés pas bésoun dé so bésito
Péndén qué sér' oboùn... Aro bous aï prou dich.
Onas bouta pér él, sérés dé sous omich.
Siou las dé bous précha... Baou répréné l'oïssado ;
O nébat lou moti... foraï mièjo journado !...
   Odiou Poïsans !...

XXVII

O Moussu Lèco-Fourchétto...

(Epître satirique.)

Én conténs, én rién, quittèrés moun oustal,
Ieou, déséspieï trés jours, o lo trip' obio mal.
Un boun liech dé répaous è caouquo bounno tasso,
Oou fach sourti lou mal qn'obio dins mo *corcasso*.
O forço dé toussi, dé crocha, dé péta,
Aï tuat lou rooumas qu'o pénsat m'éspéta.
Oquo' s égal, *Moussu*, gordoraï soubénénço
Dé lo part qu'obès prés' o mo grando souffrénço.
Dé mé béïré molaout' ojèrés coumpotiou..,
Souèrés piétodous, è romplit d'otténtiou.
Otobé, crésès-ou, pér bous moun cur polpito !...
Bénias qué dé porti, qué coumménçèt dé suito,
È déséspieï, moun Dious, né saouto nuech è jour
Fo tic ! tac ! tic ! tac ! pouf ! lo s quatré pès toujour.
Io pas rés d'éstounént, quand sé déspach' o battré !
Car, pér mé soulacha bous méttèrés én quatré...
Quand souèssés béngut pér fairé cornobal,
Quittèrés lou copèl, corguèrés un montal.
(Qué montal n'èro pas) N'èro pas qu'un péillot,
Dé frésqué topissat dé lo fianto d'un piot...
« Diou m'obirmé, (1) soï sèn !... Déspochas-bous chom-
[brieïro.
» Onas-mé, d'un golop, sérca lo cofétieïro !...
» Quoi ! Louisou souffrant ?. Nous allons le guérir,

(1) Espèce de juron propre aux habitants de St-Affrique.

» A moins que par caprice il préfère mourir !...
» Qu'on m'apporte tilleul, violettes, centaurée...
» Mais non... Si le malade avait la diarrhée...
» Nous lui préparerions un rafraîchissement
» Qu'il prendrait par derrière et non pas par devant.
» Assurons-nous en bien, constatons la souffrance,
» Et puis, en bon docteur, nous ferons l'ordonnance.
» Oui, bien que du dindon ayons grand appétit,
» Il faut voir tout d'abord Louisou dans son lit. »
Souèt dich, souèt fach, mountèrés garo, garo !.
Mé sémblo tout dé bou qué bous oousiss' éncaro !...
Morchabés dégourdit !... Piquabés dés tolous,
Dibias o cado pas mounta dous éscolous.
Talomén longuissias dé fa dé médécino,
Pourtan, d'un médici, n'obès pas gaïré mino.
Ou cal qu'ojés bélcop oublidat lou méstiè...
Mé sémblo qué pér pla saoupré lo molooutiè,
Ol souffrént cal dabord faïré moustra lo lénguo
Pér beïré s'o dé fièbr' è déqué cal qué prénguo,
Lous-uns n'oou pas monjat , daoutrés sou trop sodouls.
Pér s'én osségura, l'y cal touca lou pouls.
On l'y frètto lou cap, on l'y paoupo lou béntré,
Pér saoupr' ounté lou mal o soun préncipal céntré.
Mais bous, pas rés d'oquo... sitôt bist, coundomnat !.
Portissès è tournas noplomén éscourtat,
Dé dous ou trés goulaous loutés plés dé cousino,
Qué d'oburé pla sét n'obioou pas gaïré mino...
Un, rougé, béntré gros, d'un èrt pla piétodous,
Pourtabo lo bolaj' én plaço dé lo crous,
Sémblabo *Prèguo-Dious*, socristèn dé lo bilo,
Quand ol lioc dé conta, fosio tinda l'ésquilo.
Io pas rés d'éstounént qué sé siagué troumpat,
Pérçaqué tout lou jour n'obio pas mal poumpat.

Dous aoutrés joubénels, moustacho pla roussello
Lou copel o lo ma pourtabou lo condèllo !...
Uno fénno, détras, disio lou chipélét,
È bous boulias bé prou diré caouqué bérsét,
Dé los bèspros dés mors ou dél *De Profundis*
Pér mé faïré mounta pus bit' én porodis,
Mais borgouillabés tout... Omaï qué bous ou dio,
Fosias morrouna Dious è lo Bierjo-Morio,
Lous anjos è lous séns qu'hobitou dins lou ciel,
Én éntendén oquél jorgot loti tant bel,
Dibioou proubaplomén l'oï s'éspéta dé riré.
Cap m'én o pas porlat, mès saïqués dibioou diré :
« Coussi s'oppèll' oquèl trasso dé bourriquét,
» Qué dél *De Profundis* sap pas un soul bérsét ?...
» Sén lassés dé l'oousi, fo béni lo coulèro !..
» Garo ! sé doboian én obal sur lo tèrro,
» Prégorén *Bélzébuth* ou lou grand *Lucifèr*,
» Dé lou nous robola dins lou founs dé l'ifer...
Muso dé *Louisou*, disès-l'y dounc qué calé. »
N'ojés pas poou, moussu, qué jomaï bous déssalé...
Dé cé qué m'obès fach, nani, siou pas fochat.
Mé bottrio, sé sobio qué bous oou moustochat,
Odiou !... qué sé jomaï lo couliquo m'éspéto,
Onoraï bitomén sérca *Lèco-Fourchétto*.

XXVIII

RÉSPOUNSO
O MOUSSU ROSCOLOU...

(Satire.)

M'oppèli : *Lou Roussèlou*...
Té bèni faïré lo niquo,
N'aï pas poou d'uno bourriquo,
Énténs' ou pla, *Roscolou*.

Sous grands omich, crésès-ou,
Caouqué boundoulaou lou piquo,
Quagnés grossés péch qué fiquo,
Bostré paouré *Roscolou* !

Moussu M..... guérissès-lou.
D'oquéll' humou sotiriquo,
Sé lo mousquo trop mé piquo,
Té pounchoraï *Roscolou* !

Oquél trasso d'ooussélou,
Sé maïno dé poulitiquo !...
Té foras coupa lo chiquo,
Barjos pla trop *Roscolou* !...

Aï bist, aï bist to consou,
On l'y coumprén gaïré briquo,
Sios pas fort o lo répliquo,
Omago-té *Roscolou* !

Soouras qué lou *Roussèlou*,

N'aïmo pas lo poulémiquo,
Mais, quand l'ottaquou, s'éspliquo,
Prén gard' o tu, *Roscolou !*

Sé t'opparos; tant millou ;
Forén pas omé lo triquo,
Ni lou bi dé lo borriquo,
Tu gognorios, *Roscolou !*

Cadun foro so consou,
Tu bantos lo Républiquo,
Iéou l'ideïo mounorchiquo,
Nous coumbotrén, *Roscolou !...*

Cordén-nous un poouquétou,
Forén riré, cal s'én fiquo,
Cadun coummo sap trofiquo.
Ou crésés-bé, *Roscolou !*

Beïrén cal oouro rosou.
Quand s'ogis dé poulitiquo,
Cal pas crénta lo critiquo,
N'ès pas bértat, *Roscolou !*

Ané ! Mostré-t'un bricou,
Faï, sus lo plaço publiquo
Dé sérmous dé to fobriquo,
Porlorioou dé *Roscolou !...*

Sé poudios ou forios prou,
Mais, té manquo dé protiquo,
Sios éstat è sios *bourriquo,*
Porto-té pla, *Roscolou !...*

XXIX

ÉS MOLAOUTÉ ROSCOLOU!...

(Chanson burlesque.)

AIR : *Odiou paouré Cornobal !*

REFRAIN :

L'as molaouto lo coudéno,
Paouré brabé *Roscolou!*...
Pér soulocha to bédéno,
T'oou préporat un bouillou.

As dich qué boulios fa riré,
Té séras pas pla troumpat,
Aro, té pos pas dédiré,
Moun éfan, sios ottroppat !...

Mé fas ooussa los éspallos,
Omé toun rosounnomén,
Oïda ! toumboroou los *callos*,
Éspèço dé cap sans sén !...

L'on dirio qu'as lo couliquo,
O té béiré réména...
L'aïsso' sta lo poulitiquo,
Baï té fa médicina !...

M... és fort én médécino,
Baï-lou bîté counsulta,
Té tuoro lo bérmino.
Qué sémblo té tourménta !...

Déspacho-té tout dé suito,
Té cal pas pus éspéra...
Porés qué toun mal s'irrito,
Mais cal pas déséspéra !...

Prén toun sort omé potiénço,
Courach' è résignotiou !...
És pla grando to souffrénço
Moun Dious ! mé fas coumpossiou.

Pér dé qué sios tant blogaïré,
È surtout tant insoulént ?
Sé pot qu'o lo fi dé faïré,
Né siagués pas trop countént.

Cal pas diré dé souttisos
D'oquél qué l'on counnouïs pas.
Omé toutos tos béstisos,
T'én foras boïla sul nas !...

Porés qu'aïmos pas lous *frèros*,
Oquo mé régardo pas !...
Los surs, los oppéllos *Clairos*,
M'as l'ért d'éss' un *foutrolas ?*

Clairos ! los as oppéllados
Los qué sou dins lou coubén ?
Los as bé pla botéjados,
Té crésio pas tant sobén !

Ané ! pas tant dé moliço
Moun boun omic *Roscolou*.
O tout cal randré justiço,
Oïtal té creïroou millou.

XXX

N'occusés pas lou Cat!...

« Oquél trasso dé cat, m'o monjat lo solcisso!...
» Goulaou! trés coch goulaou!... N'aï talomén maliço,
» Gaïré maï lou tuorioï!... Aro, dé qué foraï?...
» Quand lou moussu béndro, déqué l'y dounnoraï?
» Oquél trasso d'oubriè!... » È lo paouro chombrieïro,
» Cridabo, s'énquiétab' obàl pér lo corrieïro!...
— So bésino l'y dis : « Mo brabo, l'aoutré jour,
» Lou co dé toun Moussu, m'o fach lou mêmé tour!...
» Ol diaplé cos è cach!... Pichot malhur sério,
» Quand mêmés dins l'éndréch, lo raço s'én pérdrio!... »
Dél téns qué Moriètt' és én trin dé jopa,
O lo soupo sul floc qu'és prést' o s'éscompa.,
È lo bésin' oousis qué soun pichou s'éscano!...
Aï! bous méritorias dé brabés coch dé cano...
Fénno dé tal oustal, qu'ol lioc dé trobailla,
Possas tout bostré témps pas maï qu'o bobilla.
N'occusés pas lou cat, chombrieïro négligénto,
Obès monquat pér èss' un paouc énsouciénto.
S'obias pla récotat, lou froumaché, lou lart,
Bous oourio pas périt... Cal ou sap?... Maï d'un quart!..
Saïqué l'y pénsas pas, bous, mèro dé famillo...
Quagn' éxémplé boulés qué préngué bostro fillo...
Sé dél sér' ol moti fosès pas qué pioilla
Quand lou débér bous dis d'ou pla tout surbéilla!...
Bolojas-mé l'oustal, fosès bostro cousino,

10

È bous énquiétés pas déqué fo lo bésino,
Courriés pas oprès los noubellos dél jour,
È s'onas caouqué cop o lo rébéïr' ol four,
Pér qu'ojés pas lou téns dé bous méttr' én coulèro,
Soubénès-bous toujour qué quicon bous éspèro...
Possas pas pla soubén sans l'oï bous énquiéta.
Quantos n'io qué l'oï boou pér l'oï sé disputa!...
Prénès pla souèn dé tout... Én foguén coumm' oco,
N'occusorés jomaï ni lou cat ni lou co!...

XXXI

UNO BOTAILLO!...

(Scène comi-tragique.)

Tusto qué tustoras !... Omé lous pouns, lous pès,
Sus l'ésquino, sul cap, pér-dobans, pér-dorrès...
Sé roussèrou dé coch ! Jomaï tallo botaillo !
Sés poussiplé, pourtant ! Qué cal éssè conaillo !...
Un coumbat coumm' oquél, nani, n'aï pas bist cap,
Mous pialsés, francomén, sé quillebou sul cap !...
Ojèt lioc, sé bous plaï, ol mièch dé lo corrieïro,
Én faço dé l'oustal d'un dé lo *Pénégrieïro* ; (1)
Moundé d'oquél poïs, baoutrés lou counnouïssès.
S'oppèllo pér éscaïs : lo *Maïsso-dé-trobès*.....
Los gaoutos, coummo cal souèrou mourréjados !...

(1) On comprend sous cette dénomination la partie Sud-Ouest du canton de Saint-Sernin (Aveyron).

Oquì lou sanc rojèt o bèllos pissouladòs,
Talomén, qué fosio béni lo coumpossiou !...

....

Oquo's *Mourré-dé-Cat*, omé *Cap-dé-Bossiou*,
Qu'un jour d'oquésté més, lo sémmano possado,
Sé sou distribuach uno bouno fréttado...
Mourré-dé-cat, fégnant è goulaou coummo tout,
S'èro més dins lou cap, dé fa pas rés détout.
Cépéndén, sé sap prou qu'o pas pla dé richèsso,
Pér sé loïssa gogna pél pècat dé porésso.
Dourmi, sé posséja los mas dorrès lou quioul,
Lon copèl sus l'oouréill' è lou bèntré sodoul,
Oquo's tout lou trobal qué l'on l'y bésio faïré.
Un coummércé poreil, poudio pas dura gaïré.
Cap-dé-Bossiou, so fènn' (oïtal l'oou botéjado,)
Pérsounno dé *toupét*, è pas mal débraillado,
Qué téndrio déja cap o tout un régimén,
Sé dis : « Oquo's égal, quicon dé noou beïrén,...
» Dégus counnouïs lou sanc qué coulo dins mos bénos !
» Goulaou ! trés coch goulaou ! sios pas o bout dé pénos.
» Ah ! lou trobal té put !... Quicon maï trouboras !...
» Mé bos faïré bisqua mais t'én répéntiras !...
» Déséspieï caouqué téns, oquo boulis dins l'oulo !...
» Coussi... qué mé corrio troboïlla touto soulo,
» Péndén qué tu sérios o préné dé boun téns ? »
È gros *Cap-dé-Bossiou*, fosio péta los déns !...
Oquo's dich, oquo's fach...sourtis ébourriffado,
Lou nas pla comoyat, è tout' énfumélado !...
Courris dé tout coustat, sérco qué sércoras,
Déjà, dous ou trés coch, o fach lou tour dél mas !...
Lou cur l'y fo *tic ! tac !* Lo moliço lo crèbo !...
És lourd' o faïré poou, crèsès beïr' uno trèbo !
— « Éfans ! éscorténs-nous, pér lo loïssa possa,

» O quicon dins lou sac qué lo diou trocossa.
» Déqué sérco, cal sap, oquéllo grosso pèsso ?
» O lo béïré troutta l'on dirio qu'o pla présso ! »
O pèno lou toillur o finit dé porla,
Qué lous b.....s et lous f,....s coumménçou dé roulla !...
È coummo sé déspach' o dintra sus lo porto,
Éntén lous tustossals, qué tombou dé ma morto...
« Ol trobal ! grand fégnant, trasso dé poulissoun !
» Én foguén lou goulaou, cargos un boun rénoun.
» Brigan ! qué caouqué jour créboras dé fomino. »
È tout én s'énquiotén, tustabo sus l'ésquino !...
Paouré *Mourré-dé-Cat* sé bol bé rébira,
Mais, cal essé prou fort pér pourré s'oppora...
Sap pas pér déqué prén' uno tallo surpréso.
Cap-dé-Bossiou lou bourr', è bol pas locha préso !...
Ol countrari, lou téï crompounat pér lou col,
È l'y sarro déjà lou traouc dél gorgoillol !...
— « Oï ! oï jomaï s'és bist uno caouso poreillo.
» Moun Dious ! sé tuoroou ! » crido Fronçoun lo bieillo!
« Opporas-lous, éfans, foroou caouqué malhur ! »
— « N'ojés pas poou, » réspon *Botistou* lou forçur.
» Bésès pas qué sé foou simplomén dé coréssos,
» Pér élés lous ploumals, s'oppèllou dé tondréssos..,
» Ol countrat oou proumés, quand sé sou moridach,
» Qué cado quinzé jours, sé téndrioou mouréjach.
» È pér n'oublida pas uno tallo prouméssso,
» Sé boulègou soubén dél pécat dé poréssso !...
» Loissas, loissas-lous faïré, un cop qué n'oouroou prou,
» Sé sepororoou pas, sans sé faïr' un poutou...
» Bah ! séro lèou possat un moumén dé coulèro !... »
Françoun, bîté courris pér obérti lou mairo,
Ni mairo, ni curat, dégus n'orribèt pas !...
En otténdén, pichou ! dé coch dé pouns sul nas !...

Maï dé trénto bésis lous ogochabou faïré,
Mais, o lous sépora, cap sé préssèt pas gaïré...
Oquél poulit coumbat, durèt un brabé briou,
Quand n'ojérou prou fach, nostré *Cap-dé-Bossiou*,
Lou cur fièromén gaï d'oquéllo robolado,
Sé dis : « Oquos égal, mé siou pla counténtado ! »
Paouré *Mourré-dé-Cat*, occampo soun copèl,
« S'oïço duro, dis-él, mé léboroou lo pèl !..... »
..... Béni dé rocounta lo bértat touto puro,
Dious bous gardé dé *fals'* è forto créoturo...
Lous qué m'obès légit, sé sès pas moridach,
Otténtiou ! coousissès, pourrias èss' ottropach !... (1)

XXXII

Lo Bugado!!

Monorime en **ado**

—

Lo Sirbénto.

Modamo, sérés pas fochado ;
Oquésté cop bostro bugado
Lo trouborés pas mal lobado,
Hièrc l'aïgu' èro' n paouc tréboulado,
Huey s'èro pla clorifiado ;
Soulomén, s'és pas pla sécado,
Pérça qué touto lo sérado

(1) L'auteur fut témoin de la scène.

Pas prou caoudo n'és pas éstado.
Mais, om' un aoutro sourèillado,
Séro coummo cal oppréstado !...

Lo Damo.

Sè t'èros un paouc déspochado,
Én rétart sérios pas éstado.
As émplouyat lo motinado
O faïré caouquo béstiossado.
Obans qué té siasqués birado.
Té cal déjà mièjo journado,
Té bési pas jomaï préssado ;
On dirio qué sios éncroucado,
Sabi pas cal t'o fobricado,
Mais sios pas gaïré rébéillado,
Éspèri lo fi dé l'onnado,
Pér té fa téné to souldado :
Omaï qné l'ajos pas gognado
Un cop qué l'o t'oouraï countado,
Séraï dé tus lèou délibrado.
Sabés, siou rétt' émborrossado
D'uno sirbénto mitat fado,
Toujour touto mal fogoutado
È surtout tant mal élébado,
Qué déséspieï qué l'aï louado,
Cado cop qué l'aï coummondado,
S'és presqué toujour rébirado,
È sé l'aï trop countroriado,
Én foguén caouquo moulinado,
Falsomén éllo s'és bénjado ;
Oïda ! dé tu siou fotigado.

Lo Sirbénto.

Omé bostro prouméstícado

Déjà m'obès énsourcélado...
Couro bous aï pas counténtado ?
Ané ! qué mé sès troffégado !
Bous passo caouquo foulétado.
Certo, né siou pas éstounnado.
L'y m'obès tant hobituado...
Déspieï qu'omé bous siou ploçado,
Cado jour bous sès régognado.
Ieou crési qué sès poussédado.
O lo fi m'obès émbéstiado.
Omaï qué m'ojés déscridado,
Oquo bous o pas rélébado !
Pér éssé falso sès noutado.
Obès oquì bostro bugado,
Basté l'ojessi pas toucado.
Sé bous érés un paouc joïnado,
È qué m'ojéssés sécoundado,
L'oourian tout-o-fèt récotado.
Lo ratto bous sès pas foulado,
Pla tard bous sès dérébèillado,
Dé chocola bous sés coufflado.
Oprès bous éssé un paouc lobado
Omé d'aïguo pla porfumado,
Dins lou fooutul tout' éspotado,
Obès possat bostro journado...
Bous dibès éssé pla corrado !

Lo Damo.

Souffriraï pas d'èss' énsultado !...
Siagués un paouc pus résérbado
Sé bos pas éssé mourréjado.

Lo Sirbénto.

D'oquél briçou sérés gordado,

Crési qué sérias pla toumbado,
S'obès panto déssé ploumado,
Fosès sémblan, ésporrocado !

Lo Damo.

Jomaï fillo pus débroïllado,
Qué m'o toujour pla mal souégnado !...

Lo Sirbénto.

Pér bous oburé pounpounnado,
M'obès pas maï récoumpénsado.
Pus lèou bous ojèssi quittado,
Pogas-mé bité mo souldado,
Dé bous séraï lèou séporado...

Lo Damo.

Portis... séraï lèou counsoulado.
Mais onén béïré lo bugado,
Coussi lo m'as monipulado.
Saïqué lo m'oouras obimado.
Quand l'oourén touto répossado,
Sé lo trouban pas maltrétado,
Béïras qué t'oouraï lèou pogado.
... Uno comiso dé trooucado !...
Parbluro l'oouras trop tustado
Ou trop groussieïromén freillado !
... Un' aoutro dé touto tocado !...
Sans douté qué l'as éscooudado.
Oï moun Dious ! paouro bugado...
Té réténdraï dé lo souldado !...

Coummo s'èro déséspérado,
Lo sirbénto s'és élonçado
Sus lo damo tout' ossétado,

Pér lo bourro lo t'ottroppado.
Oprès l'oburé pla fouïtado.
È péndén touto lo beillado
Lou tour dé l'oustal robolado,
Lo laïsso touto déscouïffado.
Lo mèstro mitat dérromado,
Lo figuro pla moltrétado,
È l'anquo gaoucho moculado
S'occamp' è dis : « M'o pla frèttado !...
E lo sirbénto s'és sooubado,
Én prénguén maï qué lo souldado...
Déséspieï, s'és intérroujado
Coussi n'o pas finit l'onnado,
Sans èssé pla déscouncértado,
Réspon toujour : « *Aï fach bugado !...* »

XXXIII

Paouré grottaïré !...

Os éléctous dé soun contou

(1ʳᵉ Épître)

Loïssas-mé bous opprén'uno pichott' histouèro ;
L'aï frésquo, touto frésqu' oquì dins mo mémouèro.
Hierc dé là, soulomén, moun cousi *Bornobé*,
Lo mé dièt dé long dé long én prénguén lou cofè.
Lo bous baou répéta coummo lo m'o boïlado.
Tant millou sé sobès onounté s'és possado (1)

(1) Dans une commune du département de l'Yonne.

Sé lo boulès énténdr' otténtiou, sé bous plaï,
Potouès parlo mo mèr', oïtal bous porloraï...
Un d'oquélés moussus, qu'ojén lo bourso pléno,
Aïmou pla lous hounnous è pas gaïré lo péno,
Un hommé qu'èr' ochat d'émbiroun soissant' ans,
Qu'obio lou cap ploumat, lous pialsés toutés blans,
Lou nas dé porrouquét, lo figur' olloungado,
Lo gorjo coummo' n four, l'ésquin' omoulounado,
Lous uèls d'un biel *gropaou*, lo mino d'un *bourrèou*,
Lou béntré d'un *cobrit*, l'éstoumac d'un *borbèou*,
Los oouréillos d'un as' è lou col d'uno *rito*.
Pér pla diré un *lourdoou* qué pourtàbo lébito,
Obaré coummo tout... jomaï n'io pas obuch,
Bourguèt, sus sous biels jours, suffis qu'obio d'éscuch,
Sé méttré én moubomén pér s'ottira dé glouèro.
Coumméncèt tout soun joc pér sé fa noumma mairo ;
L'y sé prénguèt dé biaïs è l'y réussièt ;
(L'orjén qu'obio préstat, én plaço lou méttèt).
Ou sobès, *Poïsans*, oquél qu'o dé fourtuno,
Siagué bèstio, rusat, l'yn éscusou maï d'uno...
Nostr' hommé pla countén d'oburé réussit,
Sé méttèt dins lou cap quicon dé pus poulit
Un séntimén d'ourgul l'y boulèguén lo ratto,
Paouso lo ma sul froun è l'oouréillo sé gratto !...
« Oquo' s égal, dis-él, cal orriba pus naout,
» Omaï qué siagués biél, foras éncaro'n saout. »
È dé suito débén proudigué dé caréssos.
Copélados pértout, é surtout dé prouméssos.
Éntimido bél cop sous paourés créonciès,
Calqué boutou pér él, ou garo lous huchiès !
Oïci cal lou contou, oboùn uno coummuno...
Os un proumét lo glouèr,' o l'aoutré lo fourtuno.
Boulèguèt bért è séc, è talomén foguèt,

Qué dé mairo, d'un saout, dous éscolous mountèt
Bésès l'oquì countén, countén, sé pot pas diré.
Én compagno, tout soul, toujour lou bésias riré...
Porbéngut o soun pouèn, moussu nostré lourdoou,
Hoïssaplé qué jomaï, è rustr' o faïré poou.
Ol lioc dé faïré pla pér corga dé counfiénço
Bité sé déspochét d'éxérça so bénjénço.
Countro lous poïsans, countro lous géns d'éstat,
Quand sopièt qué pér él n'obioou pas pla boutat...
Tal créï guilla Guillot, Guillot soubén lou guillo...
Lou qué monto trop naout, pieï quicon lou désquillo ;
Cado cop qu'un mostis s'és bottut om' un cat,
Lou cat, én s'opporén, l'o toujour groppignat !...
Éscoutas, Poïsans, lou pus bèl dé l'histouèro...
Obans d'èssé orribat on' oquél pouèn dé glouèro,
Lou bieillas én quéstiou, déspieï trénto-cinq ans,
Ottroppabo l'orjén dés paourés poïsans.
Ojén réputotiou d'un hommé dé réssourço,
Curabo lour folsét è romplissio só bourso.
N'obio pas éntréprés un drollé dé méstiè,
Fosio... débignas-ou... fosio... *Gratto-popiè* !...
(Ès éstat maï d'un cop un asé dé noturo)
O forço dé grotta, toquèt soun éscrituro,
D'uno tacó, moun Dious ! qué pousquèt pas léba,
Pér qu'ol cap dé dèch ans, l'oou sochudo trouba...
... Un jour... io pas lounténs, qué moussu *Gasto-plumo*
Fosio tronquillomén soun trobal dé coustumo,
Un ordré supériur orribo pér l'uchiè...
Gasto-plumo, loïssas oquì bostré popiè,
Pér ona, sé bous plaï, coumporétr' o lo *barro* !...
Aï !... Lo poou lou sosis !... Lo couliquo lou sarro !...
Fo bira lou copèl, lou cur l'y fo : *tic ! tac !*
Monn Dious ! né prén lo fièbr' è lou mal d'éstoumac !

Portis, tout én foguén uno tristo grimaço,
Pér un hommé tant fièr, lou soufflét n'és pas trasso !
Tampis pér él, tampis ! Coussi *gròttabo mal.*

⚭

Tristé, lou cap boïssat, orrib' ol tribunal (1)
Countr' él és préporat un long réquisitouèro...
Dobans tout un public, débitou soun histouèro...
Démando caouqué téns pér so disculpotiou,
Ol cap dé noou, dèch jours réçap coundonnotiou !...
Lou pécat èro biel, l'iojèt pas péniténço... (2)
Lou porquét councluèt pér oquéllo sénténço !..
« *Moussu Gratto-popiè, sès un trasso dé gus !*
» *Défèns' oousissès pla, dé né grotta pas pus* !...
S'én bo, l'oouréillo bass'è l'âmo touto tristo,
Orribo' soun oustal, è sé mét o lo pisto
D'oquél trasso d'ooussèl qué l'io fach oquél tour,
Pla counten sé poudio lou poga dé rètour.
Buffo ! sarro lous pouns ! Lo coulèro lou porto,
D'oburé réssochut un soufflét dé lo sorto,
És péniplé pér él d'èss' éstat coundonnat
Dé pér lou tribunal, o quitta soun éstat !...
Uno probo qué l'oou recounnéscut coupaplé.
Pér soun trobal, d'aillurs, n'èro pas pla copaplé...
Dé cé qu'obès légit, n'aï pas rés embéntat,
Tampis sé *Bornobè* n'à pas dich lo bértat !...

---

(1) Au tribunal de Sens (Yonne).
(2) Il y eut prescription pour la *pénalité.*

XXXIV

GRATTO-MAL GRATTO PAS PUS...
Os éléctous dé soun coñtou.
(2ᵐᵉ Épître.)

―――

Ero dilus possat... Moun cousi *Bornobè*,
O tout pérdré, bourguèt mé poga lou cofè...
Mé préguèt tant è maï, qué mé loissèri faïré.
D'orjén, l'yn manquo pas, iéou, sobès, n'aï pas gaïré.
Onan oquo dé *Jean*, qu'o bostit un oustal,
Ol contou dé lo plaç' ounté sé tén lou bal.
Quand dintrèrén oquì, mièchour-è-mièch piquabo.
A péno sourtissian qué lo rajo possabo..,
Ojèrén dounc lou téns dé blagua coummo cal,
Ploubio, dé qu' oourion fach oquél jour o l'oustal ?
Moun cousi *Bornobè*, n'és pas jomaï én péno
Pér omusa caoucun, né sap dé touto méno...
Mé tournèt répéta cé qué m'obio countat,
Aï sochut déséspieï qué tout èro bértat.
Mé dièt quicon maï qué mé foguèt pla riré,
Otténtiou, poïsans, ou bous baou tourna diré :
Ou pus léou, oquo's él qu'éscoutorén porla.
Cè qué mé rocountèt és drollé cé-qué-là !...

⁕

Dé forç' ou dé boun grat, Moussu bièl *Gasto-plumo*,
Os un aoutr' o corgut qué cédèsso so plumo.
Déséspieï qu'és morquat pér *un trasso dé gus*,
Gratto-popiè s'omagu' è nè gratto pas pus !...

Sé passo calqué cop tout soul pér lo corrieïro,
Moudistos, courdougnès, toillurs è courdurieïros,
Tout lou moundé lou guign' è lou mostro dél dét.
Pèr un *mairo* (1), pichou ! quanté poulit soufflét !
Un aoutr' oourio loïssat éstaïré lo bésougno
Mais él, béstiso ! bah ! D'oquo n'o pas bérgougno.
Lou què l'o romploçat counnouïs prou soun trobal,
Jusquo's oïci, porés qué *gratto* pas trop mal,
Mais oouro pla dé pén' o guéri los béstisos,
Pér porla coummo cal, cal diré : *los souttisos*.
Qu'oquél biél cornobal o fachos dins lou téns...
N'io fossos d'ottropach, fossos dé malcounténs.
D'oquélès qu'oou bourgut l'y counfia d'offaïrés ;
Dés popiès qu'o grottach né trouborias pas gaïrés,
Qué noun siagou sollich pér caouqué manquomén.
N'oousissi fossos diré : Ou foguèt béstiomén.
Né déscoumbéni pas... Gros asé dé noturo,
O péno sé sobio légi soun éscrituro.
És oribat soubén qu'ol lioc d'èss' én fronçés,
Cè qu'o més sul popié s'és troubat én potès... (2)
N'o pas jomaï sochut gaïré pla lo grammèro,
Coussi qué nou fosio lou méstiè dé soun pèro ?
Tant és pérmés dé dir' omé pla dé bértat,
Tal pèrò, tal éfan, tallo cató, tal cat...
O' scrich péndén lounténs, mès jomaï pér dé prunos...
Os paourés poïsans n'o fachos quaouquos-unos,
Pér lous saoupr' ésplouéta n'èro pas pla nigaou.
Pérdials è pouléch, poulo, lopin, lébraou.
D'oun maï l'in fosioou ploour' è d'oun maï lous oïmabo.
Jèsus ! qué dé présèns qu'oquél gus ottroppabo !...
Dourmi pla cado jour, monja dé bous boucis

(1) Maire après 1860.
(2) Par licence.

És éstat lou pus grand dé toutés sous soucis...
.....Disou qu'èro fomous pér los omistoulénços...
Lou bruch courris qu'obio cérténos counfidénços.
Omé Modamo ..... Chut!... ieou lo noummoraï pas,
Dé poou dé faïré hount' onoquél *pélooudas*.
Qué pousquén pas souffri so fénno pér coumpagno,
Ol cap dé caouqués jours l'émbouyèt én compagno... (1)
Oquo's éllo pus léou qu'ojèt bîté récours
O sé soouba dél pè d'oquèl éspèço d'ours.
Orrèsto ! Bornobè. Tu m'én débitos uno,
Qué mé fo mal ol cur !... Lou sourél è lo luno,
Ésclaïrou cado jour maï d'un' éndignitat !...
Cè qué disés oqui, bah ! bah ! n'és pas bértat !...
Moun cousi mé réspon : « Lo bértat touto puro...
Péndén qué *Nas-Croucut* fosio so créoturo,
Dé lo dam' én quéstiou, mèro dé sieïs éfans.
Èr' ochat pér lou méns dé *soïxanto-cinq* ans !...
Cal oourio créségut qu'un coucut d'oquél âché,
D'aïma lous coutillous, ojèsso lou couraché...
Sé porlabo bèl cop, olarò, d'éléctious ;
Coummo *Croquo-poulèch* obïo dé préténticus (2),
Tout én foguén lo cour, opprénio los noubèllos
Lo qu'onabo *finta* (sou pas dé bogotèllos),
Possabo pas un jour, foguèsso caout ou fréch,
Sans réçaoupr' o l'oustal è léttros è poquèch,
Qué té déscochétab' o moussu *Finto-maïrés*,
Lourt ! lourt, o faïré poou, dé pus lourts n'io pas gaïrés.
Caoucun souèt sobén dé tout oquél trobal,
N'énfourmèt cal dé dréch, l'y porlèt coummo cal.

(1) Séparation prononcée par le tribunal de *Sens* (Yonne).
(2) Il aspirait à devenir ce qu'il a malheureusement été trop longtemps.

Tout lèou, l'ordrè bénguèt o Damo tant couquétto,
Dé quitta lou poïs sans tambour ni troumpétto.
O pèn' o désplégat oquél michan poquét,
Qué pénso, cop sul cop, né pérdré lou bounnét.
Sap pas pus dé qué fo, n'és touto désoulado,
Tusto dés pès, dés pouns, lo dirias poussédado !...
Lèbo lous uèls én naoùt, pousso d'ésclomossious.
Plouro qué plouroras !... Paouro fénno ! Moun Dious !...
O soun grand counfidén, bo pourta lo noubèllo ;
O toutés dous n'és fach uno dé pla cruèllo !...
Coussi faïré, tampis ! pér oqui cal possa...
O déqué sérbirio dé sé tant trocossa.
Déséspieï lou moumén qué modam' és portido,
Lou paouré *Grippo-soous*, manjo pas mièjo bido,
« Oqu'o n'émpacho pas qu'éssajo cado jour,
» Dé faïré o tal ou tal, caouqué trasso dé tour.
» Suffis qu'és ol poudé, suffis qu'o dé fourtuno,
» Sé lou monquas un cop, boun tournoro maï d'uno...
» Omic, méfisas-bous d'oquél bièl cap ploumat.
» Basté, quand boutorooù, souèsso dégoumat ?
» Jusqu'os oqui crénten un hommé sans counsciénço ;
» Oquél mound' oou toujour l'*ouïré* plé dé bénjénço. »
Lou jour sé fosio bas... *Bornobè* s'orréstèt...
Cè qué bénès d'énténdr' és él qu'ou mé countèt...

XXXV

LOU ROYNAL È LOU CAT...

(Fable)

Un roynal qué bénio dé monja quatré poulos,
Pla grassos, crésto frèsqu' è coummo cal sodoulos,
Ol pè dél trounc d'un aoubr' èro tout esténdut,
È sé répéntissio d'èss' éstat trop goulut !...
    L'éstoumac l'y doulio,
    Soun béntré boulissio !...
Obio rétté bésoun d'èssé médicinat.
Gémissio douçomén dé poou d'ess' éscoutat...
    È doun maï sé boulégabo,
    Doun maï lou mal lou té pounchabo.
Sé n'obio pas créntat qu'obréjèssou sous jours,
    Oourio cridat sécours.
Sé birabo dé part, éstirabo los pattos.
Talomén qué crésias qu'obio birat los battos.
    Oquéllo fort' éndigéstiou
    Lou tourméntèt un brabé briou...
    Quand lo doulou pla lou préssabo,
    O Jupiter él sé boudabo,
Pér qu'ojesso piétat dé soun malhérous sort.
Pér sé fa délibra d'uno cruelio mort.
    Sé séntissio qué so bédéno
Dé car dé poulo 'n paouc trop pléno,
    S'orréstabo dé bouléga.
    Él finissio dé pla préga...

« — Quand lo fièbré séro possado,
» Oouraï l'amo lèou counsoulado. »
(Én sicrèt disio lou molaouté)
» Pouléch, conars, cal qué tout saouté.
» Ou juri pér Jupiter
» Mèstré dél cèl è dé l'ifer !.,.
» N'ésporgnoraï pas d'uno briquo
» Cé qué mo dounnat lo couliquo ;
» Quicon béïroou dé pla poulit,
» Dé suito qué séraï guérit. »
Déspieï dous jours èro dins lo souffrénço,
Sans qué dégus l'y préstèss' ossisténço...
Lou loïssabou gémi, bira lous uels én naout.
... Lou téns éro supèrb' è lou sourél pla caout.
Passo' n cat mitat sooubaché
Qué l'y tén oquél léngaché :
« Roynal. déqué fosès oqui ?
» M'obès tout lèrt dé pla poti.
» Paouro bèstio, pécaïré !
» Sé sobio dé qué faïré !...
» Pér bous pla soulocha,
» Mé béïrias déspocha !
» Mé fosès coumpossiou, dé bous tiri pla péno !
» Dias, déqué bous dol ?... Lou cap ou lo bédéno ?»
Lou cat, toujour prèst' o griffa,
Porlab' oïtal pér sé truffa.
Lous *Croquo-rach* n'oou pas pla dé tondrésso,
Soubén pér uno corésso
Bous boïloroou caouqu' orpal.
N'oou pas poou dé faïré mal.
Pér dé fronchiso,
Pas uno briso !...
Lou roynal olloungat, fo sémblan dé dourmi,

Cè qué bol dir' ol cat dé faïré soun comi !...
Lou bièl *finto-contous,* tout plé dé méfisénço,
      Ogis omé prudénço.
Té fo lou tour dé l'aoubr', opproucho douçomén.
È s'orrapo pél trounc, omaï pla léstomén.
      Mont' ol cap d'uno branquo,
      E peï fo bèiré l'anquo,
Pér opprén' ol *roynal* qué d'él n'o pas pus poou.
Pér oquél fi *motou* lou tour n'èro pas noou.
— « Sios obal, grand goulaou !... Déqué fas ? lo
                                                    [dourmido ?
» Ou pér oburé fach un paouc trop bounno bido,
      » Lou béntré té fo mal ?
      » Cal bé quicon oïtal.
» Sios tout mal éstirat coummo' no bieïllo trippo ?..
      — « Trasso dé falso nippo »
      Sé pénso lou roynal.
      Qué souffris coummo cal.
      « Ieou siou trop plé dé cousino,
      » È tu crèbos dé fomino !...
» Mé bénés énsulta pérça qué sios jolous.
» Dé trés cénts rach, bélèou n'as pas ottropat dous.
      » Sabi to malodréssso.
      » N'as pas prou dé finésso !...
» E possoras toujour pér un fomous pélaou.
» Barjo tant qué bourras, lou cap mé dol, m'én baou.
Manjo-poulos sé saoub' omé lo cuo basso.
L'éndigéstiou doun maï lou sarro, lou trocasso.
Croquo-rach és countén dé lou bèiré poti.
Coummo s'èn bo, l'y dis : « Hè bé ! t'aï fach porti. »
      Péndén mièjo sémano
      Lou roynal souffrièt
      È soubén cọmpéjèt

Dés bossés o lo plano.
Lou cat dins caouqué téns ottroppèt lo *marrano*,
En couchén sus un four
Tout lo mirat d'un jour.
Lou *roynal* ou sochèt è l'y rondèt bésito,
Noun pas pér lou guéri, mais pér sé truffa d'él
« As ottroppat, l'y dis, caouqué cop dé sourél.
» Paouré bièl, tè, sé bos, té guériraï dé suito.
» Pér qué lou cap té dol.
» Tiro-lou dé sul col !...
» Onoùnt as ottroppat oquéllo rébirado ?...
» Saïqués as réssochut caouquo bounno fréttado ;
» N'as pas l'èrt pla sodoul,
» T'oouroou fouïtat lou quioul,
» È dél founs dé lo nuquo,
» Lou sanc séro mountat jusquo's o lo pérruquo....
» Ou bélèou qu'ou fas ésprès,
» As lou cap tant dé trobès...
» Lèbo-té, baï t'én o lo casso..
» Té ! tè ! béjo' n gros rat qué passo,
» Ottrappo-lou, grand fégnant ! »
Lou motou souffrissio tant,
Qu'omé pén' énténdio
Cé qué *roynal* disio...
Soun mal talomén ooumêntèt,
Qu'ol cap dé coouqués jours crébèt,
È *Croquo-poulos* né rièt...

MOURALO

Nous truffén pas jomaï dél mal qu'orrib' os aoutrés.
N'imitén pas lou cat ni lou roynal,
Rondén lou bé pér lou mal,
È nostré-Ségn' un jour oouro piétat dé naoutrés.

XXXVI

LO COUMMUNO DÉ PORIS

(Dialogue.)

Lou Poïsan.

Odiou Cotêt, bounjour, coussi bo lo sontat ?
Bous obio pas rêbist déséspieï l'an possat.
Cal pas qu'ojés ménat uno bido pla duro,
Pérçaqué fosès pas michanto pourtoduro :
Couro s'ès oribat én laï d'oquél poïs ?
D'oprès cè qué m'oou dich, bénès dé daous Poris ?
Roccountas-mé quicon d'oquéllo grando bilo,
Soubén obès dichut l'oï bous faïré dé billo.?

Lou souldat.

Un souldaï diourio pas jomaï sé trocossa...
Déspieï qué siou portit, n'aï pas fach qué cossa,
Noun pas lous pérdials , ni maï los olloséttos,
Mais, t'én aï énfilach o coch dé boïounnèttos,
D'oquélés poulissouns, d'oquélés grands gusards,
Qu'obioou réputotiou d'èssé dé coummunards.
Lous ojéssi pouscut toutés f...tré pér terro,

Lou poïsan.

Os Prussièns pér déqué faïré pas dounc lo guèrro ?

Lou souldat.

Bando dè scélérach, réuniou dé bondich,
Dé lo Franço sou' stach lous pus grands énnémich !...
Nous oou fach maï dé mal qué *Bismark* è so cliquo !

LOU POÏSAN.

S'ou caouso cépéndén qu'obèn lo Républiquo,
Oou fach uno bounn' obr' è siagué lounguomén,
Qué lo Franço puussèd' oquél goubèrnomén !

LOU SOULDAT.

Lo Républiquo ! bou ! lo nous corrio, mais sacho,
Maï d'un sério countén sé bénio' no déspacho,
Onnounçén qué l'obén éncaro pér trént' ans !...
Mais bourrio pér rés, qué cap dé mous éfans
Béjèsso cè qu'aï bist, dins l'onnado possado !...
Olaro qué lo Franç' èro tant maltréttado,
Qu'èrén toutés plounjach dins lo désoulotiou,
O corgut qué lou fioc dé lo réboulutiou,
Bénguèsso counsuma nostrés grands édificés,
Qu'obian coustruich ol près dés pus grands sacrificés !
Oquì s'én és possat dé tristé, dé fochous !...
L'y podi pas sounja sans éssé furious.

LOU POÏSAN.

Dé cal èro, dias-mé, fourmado lo coummuno ?

LOU SOULDAT.

Maï qué maï dé brigans qué boulioou fa fourtuno.
Én pillén, én tuén. Tout dé géns débourdach
Qu'oou pas boulgut cola, diquos qué lous oou tuach !
N'ibio dé tout poïs, dé Franço, d'Allémagno,
D'Autricho, dél Piémoun, d'Ongléterro, d'Éspagno !
Paouré poplé, boutas, obuclact coummo cal !

LOU POÏSAN.

Lou journal o pourtat qu'obioou fach fosso mal.
È qué lou brabé mound' èro dins l'énquiétudo ?...

Lou souldat.

S'obioou pouscut gogna, lo Franç' èro pérdudo,
Mais fort hurousomén, nostrés brabés souldach,
Dins oquél rébiral sé sou pla coumpourtach !
Én méns dé quinzé jours d'uno lucho sériouso,
Délibrèrou Poris dé lo bando furiouso !...

Lou poïsan.

Tuèrou l'archébésqu' omé d'aoutrés curach.
Oou pas dich pér déqué, cal sap dé qu'obioou fach ?

Lou souldat.

N'obioou fach qué dé bé, mais sobès, lo conaillo,
Os curach maï qué maï, sèrc' o libra botaillo !...

Lou poïsan.

Quand dé téns, o pu près, lo coummuno durèt ?

Lou souldat.

Durèt bé prou dé téns, soulomén finièt
Quand *Thiers* lou présidén, émbouyèt soun ormado,
Qué souèt, crésés-ou, coommo cal dirijado...
Otobé ! s'obias bist quand lous chefs coummondabou,
Oquélés caps looujès, coussi té bourdélabou !...

Lou poïsan.

Bous n'ojèrés pas poou d'ottroppa caouquo pruno ?

Lou souldat.

L'aï éscopat dé paouc... Caoucun m'én loncèt uno,
Qué mé frisèt lou nas è troouquèt lou képi,
D'un paouré copoural qu'oppéllabou Créspi.
Béléou lou counnouissès. És dé Roquocésieïro,
Soun païré fo d'éscloch, so maïr' és courdurieïro.
Bast' ojéssi pouscut toutés lous ossouma
Oquélés socripans qu'ou boulioou tout créma !

LOU POÏSAN.

Dounc, lous républiquèns sou romplich dé moliço?

LOU SOULDAT.

Noun pas lous moudérach qué belou lo justiço
Mais, lous rougés pur sanc, lous dirias énrochach,
Foou tant dé moubémén, qué sémblou poussédach
Ou bolou tout chonja, rés n'és pas o so plaço,
È d'oquélès d'oqui lou noumbré n'és pas trasso.
Estudias-lous dè prép, sabou pas dé qué foou,
Maï d'un, sans troboilla, boudri' ottroppa lou soou.
Sou pas lou pus soubén, lous qu'oou lou maï d'odrésso,
N'io d'aoutrés pus rusach, qu'ojissou pér finésso.
Omé sous béls discours, lous foou morcha prémiès.
È s'orribo quicon sé troubou lous dorniès!...

LOU POÏSAN.

Ah ça! dé qué disèn d'oquésto Républiquo?
És-qué duroro tant qu'oquéllo d'Omériquo?

LOU SOULDAT.

Dé tout oquél trobal, nous préoccupén pas.
Goubérné qué pourro, pourbu qu'ojén lo pas.
Tal, d'oquésté moumén, sé dis ourléonisto,
Qué dins pas rés dé téns séro bounoportisto,
Un aoutré qué créïrés èssé républiquén,
Pogas-lou pla, diro : *moi je veux Henri V!*...

LOU POÏSAN.

Obés bé pla rosou!... Bibo lo poulitiquo
D'oquél qu'ou guido tout, chanjo pas dé toctiquo.
Qund oouro réunit lous portich dibisach,
Olaro soulomén sérén pla goubérnach!... (1)

(1) L'auteur, témoin auriculaire de cette conversation, crut devoir invoquer la muse pour la rendre en phrases mesurées.

XXXVII

ÉS MORT JEAN LOU ROUSSÉLOU [1]

(Elégie.)
—

Cargo lou dol, rèuniou Millotaino,
    Es mort *Jean* lou Roussélou !...
Lou paour' éfan, ottroppèt lo migraïno,
    Sous grands omich, plouras-lou !...

∽

Bous o quittach !... Qué dé régrèch qué laïsso !..
    Fósès-l'y bostrés hounous !...
Bous cal ona dépoousa sus so caïsso
    Uno courounno dé flous !...

∽

Quand poréssio sus lo plaço publiquo,
    N'èro pas pla bérgougnous !...
Oïmabo fort dé porla poulitiquo,
    Dé faïré dè grands sérmous !...

∽

Obès pérdut, énémich dé l'ompiro,
    Un pouètò, un défénsou,
Béndro pas pus bous conta sus so lyro,
    L'èrt dé so bello consou !

∽

Quanté malhur qué lo Parquo cruello,
    Qué frappo grands è pichous,

[1] Grand faiseur d'embarras.

Ajé roumput l'éxisténço tant bello
D'oquél consounié fomous.

☙

Nymphos dé Tarn, baoutros qu'èrés chormados
Dés èrs d'un tal roussignol,
Lou sort cruel, n'onas èss' ottristados,
Io topat lou gorgoillol !

☙

È tu, Millaou, qu'èros dins l'ollégrésso,
Pasqué dé l'oousi sipla,
Aro séras plounjat dins lo tristésso,
Té pourroou pas counsoula !...

☙

Dé tout coustat on n'oousis qué dé pléntos
D'oquo dégus né ris pas,
Tout l'Oboïrou répèto los coumpléntos
Fourjados sus soun trépas !...

☙

Jean s'és bottut... so mort és pla poulido,
È digno dél Parodis...
Qué lous omich qu'obio péndén so bido,
Diou lou *De Profundis !*...

☙

Occourdas-l'y bostros bounnos prièros,
Tant brabos surs dél coubén,
Pérdounnas-lou, quand bous trotèt dé *Clairos*,
Ou foguèt pla béstiomén !!...

XXXVIII

LOU CORNOBAL

(Description.)

« N'obèn pas qué trés jours d'oquésté Cornobal....
» Éfans ! omusén-nous, foguéns-ou coummo cal !...
» Bîté, cal fa pourta dè boun bi, dé croustados,
» Dé lopins, dé poulèch, è pieï los *moscorados !*...
» Oïtal ou bol l'usach' è lou cal réspécta,
» Donsén, contén, rién, òs ou fa tout péta !...
» Lou *Cornobal* és fach surtout pér lo junésso,
» Nous cal pas éspéra d'èssé dins lo bieillésso,
» Pér nous pla dibérti... Quand lo pouncho dél nas,
» Nous trooucoro lou béntr', olaro pourrén pas.
» Pér noun tira millou, nous cal èss' uno colo.
» È pieï, toutés ol cop, forén lo forondolo !...
» Sans nous préoccupa dé qué foroou lous aoutrés,
» Prénguén-l'y nous dé biaïs, pér qué parlou dé naoutrés. »
..... Botisto Nicoulét, *Gratto-lart*, pér éscaïs,
Hommé récounnéscut pér oburé dé biaïs,
Mais jomaï én rétard pér faïré dé topaché.
O quatré ou cinq goulaous, ténguèt oquél léngaché :
— « Coumméncén, coumméncén, Cornobal ! Cornobal ! »
Dis *Borbét*, qu'o lou nas coummo' n croc dé sémal.
« Dé lo fèsto, m'én baou prépora lou prougrammé...
» Lou foraï coummo cal, è qué pas un réclamé...
» Hé bé counséntissès ?... — Marcho béntré ploumat !..,
» L'y réspond *Booumélou, pégot* (1) dé soun éstat ;

(1) Cordonnier.

» Tu balés pas o maï qu'o léca lo fourchétto ! »
Oquo facho *Borbét* qué quitto lo cosquétto...
— « Sé bous bottias, éfans, sério bé pla poulit !
» Dé lo moudérotiou cal préné lou portit...
» Qué parlé, *Nicoulét*... És él qué coousiro,
» Lou rollé qu'o cadun dé naoutrés coumbéndro.
— *Bravo ! dis Rigolo !... Fricassou, t'as raison !*
« *C'est Nicoulét qu'il est maître de la maison...* »
— « Pér qué boulès, méssius, qué dirigé lo fèsto,
» Marquo qué pér oquo, mé sobès bounno tèsto...
» Eh bé ! sans mé flotta, pénsi dé réussi.
» É séro pas lou dich, qu'os émbirous d'oïci,
» Sé siagué jomaï fach tallo cornoboillado,
» Pér nous dounna dé toun, buén uno tossado,
» Dos omaï trés sé cal d'oquél poulit clorét, (1)
» Oquo's lou boun mouyèn d'oburé dé toupét. »

Lou coumplot souèt fach, oquo d'un ooubérgisto.
Surnoummat *Gasto-bi*, qu'és toujour o lo pisto,
D'oquélés grans fégnants, qué laïssou lou trobal,
Pér monja soun orgén è fa souffri l'oustal...
..... Nostrés éndibidus, obioou rétté lo mino
Dé n'oburé pas sét, ni bésoun dé cousino ;
Tout és pla coumbégut... Sé prèssou dé sourti,
Coummo cal dispoousach o s'ona dibérti...
Pagou cè qu'oou bégut... Sé lèbou dé lo taoulo,
È jurou qué cadun gordoro so poraoulo !...
Péndén qué *Rigolo*, *Borbét* è *Fricossou*,
Boou chonja dé coustum' oquo dé *Thoumossou*,
Onén-nous un moumén faïr' un tour sus lo plaço,
Tout én nous posséjèn, beïrén cè qué sé passo...

(1) Vin clair et pétillant.

(Chansonnette du carnaval.)

D'oquésté Cornobal,
Lou dorniè jour s'obanço !
Foguén bounno bounbanço,
È rién coummo cal !...

Filléttos è gorçous,
Foguén tout' uno colo,
Donsén lo forondolo,
Olèrt !... omusén-nous !...

Os lopins, os lébraous
Onén libra botaillo,
Toumbén sus lo boulaillo,
Boun téns pér lous goulaous !...

Bibo lous bouns fricoch,
Anaban los croustados,
Los salsos ginébrados,
É lous poulich gigoch !...

Buén quatré coupéch,
Dél bi dé lo borriquo,
Ol soun dé lo musiquo,
Contén caouqués coupléch !..,.

Sén ol diménjé gras,
Allé !... cal qué tout saouté...
Sério bé pla molaoulé
Lou qué n'ou forio pas !...

« Oubriès dé tout éstat,
» Quand ojés dé bésougno,
» Bah !... n'ojés pas bérgougno,
» Loïssas-lo dé coustat !...

» Sourtissès dé l'oustal,
» Moussu, damo, chombrieïro,
» Bénès pér lo corrieïro,
» Conta lou Cornobal. »

O forço dé gousié, l'éfontou, lo fillétto,
Répètou dé pértout oquéllo consounnétto !...
Lous joubés è lous bièls, én l'énténdén conta,
Sourtissou dé l'oustal, bîté pér l'éscouta.
Tout sé bol omusa, tout né bol dé lo fèsto...
« Lou Cornobal s'én bo, proufitén dé soun rèslo ! »
Sén ol diménjé gras... Dé bèspros boou sourti ?...
Oquo's lou grand moumén pér s'ona dibérti.
Dins noun pas rés, beïrés, poulido, fricooudétto,
Obàl sul grand comi, porétré lo grisétto,
Ol coustat dé l'omant, béngut pér féstéja.
Bras déssus, bras déjoust, s'onoroou posséja.
Dins lou téns qué foroou soun tour dé prouménado,
Fourmoroou lou coumplot dé possa lo sérado.
Ol bal, pas o lo gleïs' (oquo sé coumprén prou.)
Jusquos o mièjo nuèch foroou *saouto Piorrou* !...
.....Fosès bostré débér, bous, mèro dé fomillo,
O l'oustal, crésès-mé, réténès bostro fillo.
Trop dé bountat bélèou forio so pérditiou,
Ol lioc dé bous coousa grando counsoulotiou...
Pér qué bostrés éfans gardou lour innoucénço,
Gordas-bous dé péca pér trop dé coumposénço.
..... Mais, n'és pas lou moumén dé faïré dé sérmous;
D'aillurs, o diré bŕaï, l'y siou pas pla fomous !...
Proufité qué pourro dé poreillo mouralo,
Jus mo plum' én possén, s'ès préséntado tallo !...

On oousis lou tombour... Dé qu'és oquo qué foou ?.,.
N'io maï d'un qué courris. Séro quicon dé noou...
Obàl, obàl, ol founs dé lo grando corieïro,
Dé poplé, l'on né béï tout' uno fourmilieïro,
Qué grondis paouc o paouc omé lous roulloméns,
On oousis otobé lous crich éstourdisséns
Qué foou toutés ol cop lous éfans dé l'éscolo,
Lassés dé gomboda, dé fa lo forondolo...
Lou bruch toujour ooumént' omaï lous topochurs,
Cal és caouso d'oquo ?... Trés ou quatré forçurs.
Drollomén occoutrach... lourdos corricoturos !,..
Marchou tout én foguén dé drollos dé pousturos.
Un, sés pla moscorat lo figuro, lou nas,
O corgat un copèl tout éspoillossodas !...
Pér déjoust sé fo béïr' uno blanquo perruquo,
Pus grando qué noun cal pér li coubri lo suquo.
L'oou pas histouriad' omé dé poulit pial.
Ès d'éstoupos, dé lan' è dé crin dé chobal.
Countrofo lou gorrèl, o l'ésquino boussudo,
O més uno lébit' o couo pla pounchudo,
Os pès porto d'éscloch, qué l'y sou pas pichous.
Lous pot pas trigoussa, cadun né forio dous,
Marcho potin, potan, én éscortén los anquos.
Los cambos, los fo béïr' è los o pas trop blanquos.
Dè caoussos, Dious ou sap, né robalo' n porél,
Qu'occotorioou, lou méns, quatré quiouls coumm' oquél !
Sou blanquos dé coulou, mais noun pas gaïré néttos.
Sus lo pouncho dél nas o ploçat dé lunéttos.
Méno pér un courdél nn bièl *bouc* tout ploumat.
Qué port' oquèl èscrich o so barbo pénjat :

  « Odiou paouré cornobal,
  » Ol corémé cal fa plaço !

» Fas piétat !... Oï qué sios trasso !..
» Odiou paouré Cornobal !...»

⁂

Trés aoutrés déguisach, qu'émboouroriou lou diaplé,
Séguissou per détras è cadun fo l'oïssaplé !
Lou pus grand és couïffat d'un copèl tout pounchut,
Qu'és bostit tout-o-fèt én formo d'un émbut.
Jus soun nas pla croucut té porto' no borbasso
Longuo d'un pan è mièch, tintado dé binasso.
Én guiso dé culott' o més un coutillou,
Sallé, tout éstripat, è roussèl dé coulou.
O soun col o pénjat uno couo dé mérlusso,
Lo brondis tant qué pot, dé téns én téns lo susso.
Éntré qué l'o tostad' ès oqui qu'éscoupis...
Ogacho sé l'oou bist, torno faïr', è sé ris !...
En lou béchén possa, tout lou moundé qué crido :
« S'és poussiplé ! qu'és lourt !... Jomaï pus, dé lo bido !.
È riré qué riras, d'un sémblaplé lourdoou.
Toutés lou bolou béïr' è lo mitat n'oou poou !...
Lou bouc, dé téns én téns, sé cabro, ruo, péto,
È béïrias cado cop qué fo' na lo troumpétto,
Lous qué sou pér coustat coummo lous dé détras,
Qu'omé lou moucodou bité tapou lou nas !...
L'éfan pichou s'omagu' è tallo doumoïsello,
Crido qu'o cap dé près bol pas èssé so bello !...
Lo bonno, qué sul bras porto soun éfontou,
Ê lou biel occobat s'oppuyén sul bostou,
Sou curiousés dé béïr' oquéllo *moscorado*,
E s'énfourmou dé cal pot èssé coumpoousado !...
— « Coussi s'oppell' oquél éspèço dé boussut,
» Qué robalo lou bouc ? Dios, l'as counnéscut ?
Démand' o Froncésou Cotinou so bésino,

» Qu'és lourt oquél poïllass' è qu'o michanto mino.!...
» Bésès, régasso d'uels coummo lous d'un gropaou
» Déjoust soun grand copèl o tout l'èrt d'un nigaou !..
» Cal sap oùnt o péscat oquéllo longuo pipo ?..
» Nani, jomaï n'aï bist uno tant lourdo nippo...
» Sério pas pér hosart *Cotèt dé Nicoulét ?*...
— « Omaï és él, és él ! è l'aoutr' ? Oquòs *Borbét*... »
— « Quagné l'aoutré ? » — « Lou grand qué boulèguo
[lo triquo,
» È qu'o l'èrt dé caoucun qué fo' na lo musiquo !...
» Lou qu'és o soun coustat sémblo pla lou garçou
» Dé *Jacqués* lou toïllur, s'oppello *Fricossou*. »
... O soun noum, *Fricossou*, dé millo copélados.
Soludo lou public è fo dé gombodados...
Sous aoutrés coumpognous, cadun dé soun coustat,
S'éstudiou pér piqua lo curiousitat....
Détras è pér dobans, noumbrouso poupulaço,
(Oquést' an, sou porés, lo fèsto n'és pas trasso...)
Oprès oburé fach dous ou trés coch lou tour
Dés préncipals quortiès, o grand bruch dé to mbour,
Lous moscorach s'én boou s'omusa sus lo plaço,
Lous grands è lous pichous, tout loï sé porto' n masso...

❦

Oïci, quicon dé noou... sus un asé gorrèl,
È magré talomén, qué n'o pas qué lo pèl,
Un orléquin couïffat d'uno grando cosquétto,
Té tén lo couo dé l'as' én guiso dé troumpétto.
Ès coumprés pér oquì qu'o pla birat lou nas,
Dél coustat pér onoùnt lo bèstio mourdis pas...
Èro quicon dé bèl, quand *morti* troumpétabo,
Dé beïré l'orléquin. coussi sé rétirabo !!...
Lo raj' o tréscoulat !... És houro dé soupa,

E lo foulo coumménç' o sé désottroupa.
Lou counsél és téngut pér possa lo beillado.
Oquo dé Nicoulét oouro lioc l'ossémblado.
Ieou lous séguiraï pas dins tout cè qué foroou.
Lous-uns séroou bondach è pieï bourdéloroou.
Daoutrés s'én onoroou dins maï d'uno fomillo,
Fa béïré qu'oou corgat un coutillou dé fillo...
Orriboro bélèou qué lo bieill' ou lou biel,
Om' un tisou dél fioc brulloroou lou ponel !...
Péndén touto lo nuèch bottroou lo potontèllo.
Mèro, prénès souci dé bostro doumoïsèllo !...
Omé bous fosès-l'y pla faïré cornobal,
Mais défendès-l'y mé dé sourti dé l'oustal !...
Odiou diménjé gras, sios possat ! És doummaché..
És houro d'ona' l lièch, oprès tant dé topaché !...
Lou jour qué bo béni, séro pla soludat.
Tout és pér lou dilus coummo cal préporat.
O dimars sou fixach lous odious dé lo festo.
O lo pla términa, n'io maï d'un qué s'opprèsto !
Cornobal.., Oquél mot sé dis déséspieï bél briou
Dé l'ancièn paganism' ès uno troditiou !... (1)

---

(1) Les scènes burlesques et souvent scandaleuses du carnaval tendent à disparaître, et ce n'est pas un mal.

XXXIX

Ol rébéïré!...

Oï!. Moun dious ! Quagn' offroun qué m'oou fach lou
[moti!...
Né débéndraï molaout'.... Ol moumén dé porti
Porrot è Coucourlou, m'oon fach un floc dé joyo,
Paouré pétossou biel!... Paouro trasso dé toyo,
      Boun prus!... Boun pruséro bé maï!...
      Oui, dé baoutros mé trufforaï!...
      Os pès, on foulo l'ourduro,
      Omaï falso créoturo...
      Pérsounnos dé boun séns,
      Énsémblé né rirén!...
Ieou bous counnouïssio pas, paouros ésporrocados...
Bounjour, odiou, pér qué bous sès moustrados...
      És justé qu'o moun tour,
      Ieou bous laïssé pér gaché,
      Dé bous faïré l'houmaché
      D'un soubénir d'omour.
En otténdén dé bous tourna rébéïré,
Bous oublidoraï pas, boutas, poudès ou créïré...
      Obès otténdrésit moun cur!...
      Corrio qué l'ojèssi pla dur,
Sé pénsabi pas pus o los dos créoturos,
      Qu'oou lo réputotiou
      Dé falso déboutiou!
Pourtas-bous pla! qué siagué pér lounténs!...
Pla mal noscuch, lous qué né sérioou pas counténs.

M'ogrodas !... Oï qué sès bellos !...
Lusissès coummo d'estéllos !...
Dé bous béïré pas pus, moun cur és miech roustit.
Coussi qué nou, pourtant cal préné moun portit.
Sé sobias qué m'és péniplé,
Sé sobias qué m'és sonsiplé...
Lous plours béndroou soubén trémpa moun moucodou,
N'oublidoraï jomaï *Porrot è Coucourlou!*.. (1)

XL

OS UN BOBART !...

Té truffos tant qué pos dé tout oquo qué faoou,
N'éstounnos pas dégus... aïmos tant lo critiquo.
Té crésés pla sobén én fèt dé poulitiquo ?...
Toun pèro dis pértout qué sios uno *bourriquo*.
Faï té pla rémorqua d'oquésto républiquo
Qué doun maï possoras pér un fomous *b...odaou*.

XLI

LOU MAL MORIDAT !...
(Satire.)

Cal déspénsa d'orjén s'on bol sé morida,
Hormis dé s'éstopli sans sé faïré crida...

(1) A deux personnes d'une réputation suspecte.

Orribo pla soubén qu'oquél qué sé morido,
Pèrt, omé sous éscuch, lous plosés dé lo bido.
S'ou fo sans réfléchi, pus tart s'én répentis.
Ol cap dé caouqués jours né plouro, né gémis...
Tampis, és fach, és fach, pér ou tourna désfaïré,
Pla car' ou pogorio, qu'oquo pot pas sé faïré.
Lou mair' o prounounçat... è lou cop d'ésporsou,
Fo qué tal dégourdit qu'èro pas qué gorçou
És débéngut un homm' è qu'oquéllo fillétto,
Jusquos oqui mignard' è surtout pla couquétto
O chonjat tout d'un cop d'éstat, dé counditiou
È qu'aro trobo pas cap dé sotisfoctiou...
Lou qu'ottén d'èss' ochat, créséguén dé pla faïré,
Oquél d'oqui soubén l'y sé coumbén pas gaïré.
Un bièl prouberbé dis : *Lou moriaché és troumpur*,
N'orribo pas toujour d'y trouba lou bounhur !...
Sou noumbrousés lous qué n'oou fach l'expériénço.
Lou qu'és mal moridat mooudis soun éxisténço
Quand béï, cado moti sé léba lou sourél,
Créï pas qué n'iajé cap dé pus malhérous qu' él.
Lou paouré, l'oubriè, l'hommé dé lo compagno,
Sè n'o pas, pér bounhur, uno brabo coumpagno,
Passo dé tristés jours !... Countinuellomén
Lou chogrin lou débor' è lou ran mal-countén...
Lou bounhur lou fugis, è lou souci lou trobo,
Cè qué baou bous counta nous sérbiro dé probo :
..... Dins un pichot bilach' un brabé poïsan,
Counnéscut justomén pér èss' un boun éfan,
Hounnèsté, fort bèl homm', ojén prou dé fourtuno,
Dé lo tronquillétat toumbèt dins l'énfourtuno...
Én bourguén trop coousi, roncountrèt pér malhur,
Uno fénno jolous' è d'un trasso dé cur !...
Dins caouqué téns oprès qué l'aïguo bénésido.

Lous ojèt un' o l'aoutr' unich è pér lo bido,
Lou diaplé coumméncèt o dintra dins l'oustal,
Tout onèt dé trobès, tout l'oï sé possèt mal...
Tostèrou pas lounténs lou plosé dél moriaché,
Dél moumén qué lou coupl'èro d'un cértén aché,
Nostré-Ségné bourguèt qu'ojèssou pas d'éfans,
Ou n'ojèrou pas qu'un qu'ol cap dé noou-dèch ans.
Jonétto, qu'èro pas ni lourdo, ni poulido...
Obio, d'oprès maï d'un, fach un paouc lo cobrido...
Troén oqui déssus un bouèlo fort éspés,
Dé casés coumm' oquél, n'orribou maï dé trés...
E pieï touto bértat n'és pla bounn' o diré...
Sul conté dé *Jocou* l'iobio pas o rédiré !...
Tout lou moundé l'oïmab' èro pla coumplosén,
Qué caoucun lou troubèss' èro toujours risén.
Malgré soun boun rénoun è touto so fourtuno,
Lou paouré malhérous né souffrissio maï d'uno !...
..... Proché dé soun oustal è sus l'aoutré contou,
Un boun moti bénguèt démoura *Béloutou*.
Béloutou n'èro pas éncaro moridado,
Mé dirés qué dégus l'obio pas démondado...
Ané ! bous truffés pas !... Obio troubat portit,
Mais, sé préssabo pas, bélèou pér soun proufit.
Coummo d'oquél bilach', omaï dé so fomillo,
Èro d'oquél moumén lo soulo bieillo fillo,
Jonétto sé pénsèt qué soun hommé *Jocou*,
(Dél moumén qu'èro dich qué s'oïmabou pas prou.)
Obio pourtat oqui sous uèls è sos tondrèssos,
È lo fosio suffri dé poutous, dé corèssos...
O toutés sous bésis (oqui soun pus grand tort).
Onabo cado jour sé plagné dé soun sort...
Oquéstés né risioou, lo trottabou dé *meïo*,
Sans l'y pourré jomaï fa sourti dé l'idéïo

Qué soun hommé pourtab' aillurs soun offéctiou.
D'oqui maï d'un souci, maï d'uno réfléctiou !...
Lo nuèch coummo lou jour èro dins l'énquiétudo,
On lo bésio soubén mal-countént' è mourrudo !
Quant souèss' innouçén dé tout oquél trobal,
Soun hommé poudio pas hobita dins l'oustal.
Jonétt' o tout moumén dé pas rés s'énquiétabo,
S'obioou caouquo rosou, bîté l'y réprouchabo,
Dé lo faïré poti, pér oïma *Bèloutou* !
O so plaço maï d'un oourio prés un bostou,
Ou sé sério munit d'un fouét o quatré branquos
È sans fa dé topach' oourio fouïtat los anquos...
Èro potiént *Jocou* !... On l'oousissias jomaï,
Sé pla plagné dé soun sort !... Ol countrari' s bé maï
Qué sé caoucun boulio porla dé so counduito,
Fosio lo sourd' oouréill' è portissio dé suito !...
Cépéndén dins lou mas è dins lous émbirous,
Tout lou moundé disio qu'èro pla malhérous
D'oburé roncountrat uno tallo bipèro.
Falso coummo lo gal' è trasso dé coummèro,
Baoujo dé pourré pas faïré créïr' o dégus,
Qué soun hommé fosio lou coummèrcé d'un gus !...
..... *Bèloutou* sobio pas cè qué sé murmurabo.
Pél comi dé lo fon, un jour coummo possabo,
Un forçur dé l'éndréch l'y dis : Eh ! *Bèloutou !*
Dios-mé s' o pla dé téns qué n'as pas bist *Jocou ?*
Bèloutou réspon pas, sé counténto dé riré...
Dins caouqués jours oprès, coumm' onab' ol jordin,
Un aoutré l'y diét sus un toun pla molin :
« Sél bén pas tu l'oï bas, eh ! n'é fas d'éscopados
» Aïmos, omé *Jocou*, dé possa los béillados »
Marcho toujour soun trin sans l'y faïré otténtiou
Quand souèt o l'oustal pieï foguèt réfléctiou.

Én sochén qué *Jonétt'* èro' n paouc *trèlucado*,
Sé pénsèt qué tampla l'obio découpétado,
E sé troumpabo pas... Justomén oquél jour,
Coummo sé fosio tart, *Béloutou* s'én b' ol four,
È l'oï trobo *Jocou*... Lous coumpliméns d'usaché.
Qué l'on sé dis éntré géns d'un mêmé bilaché,
Sans moliço, sans rés, coumménçou dé roulla,
Én otténdén lou fioc occabo dé brulla...
Jonétto cado jour pus énquièto, pus tristo
Finissio pér ségui soun brab' homm' o lo pisto !...
S'én b' ol four, è lou béï ossétat ol contou,
Én trin dé rocounta quicon o *Béloutou*...
Aï ! aï ! paouré *Jocou* !... Coummo déséspérado,
Sé dérrabo lou pial, né sémblo poussédado...
Brosséjo, fo dé saous, biro lous uèls én naout,
Gaïré maï sé sério tracho dins lou four caout !...
Dis én sorrén los déns : Sios prés !... Déqué té pousso !
M'én doutabi qué trop !... Booarièn ! sios o lo trousso,
D'oquéllo bieillo pèl !... Déséspieï caouqué téns,
Ol lioc dé m'oïma pla, mé moustrabos los déns...
Los figuos, lous rosins, lous pérals è los poulos,
Lou combojou, lou lart, è lou graïs dé los oulos,
Ou l'y corréjos tout... È los douchénos d'ioous ?...
Pér l'y faïré plosé, l'y dounnorios lous bioous !...
Suchèt ! tén bési fa dé poulidos grimaços !...
Bouto, n'ajés pas poou, qué tén couïraï dé fouassos,
È lou paouré *Jocou*, pus bèstio qu'omourous,
En sé plourén disio : Qué siou dounc malhérous !...
Mo souffrénço dégus lo créïrio tant péniplo !...
L'innoucén l'y dibio délorgua caouquo jifflo !...
Mais, nani, préférèt suppourta tout l'offroun,
Ol risquo dé possa pér èss' un poulissoun !...
O lo fi *Béloutou* n'ou prénguèt pas pér riré.

Oprès un cop è dous, sé lossèt d'ooùsi diré,
Ténguén pér-déssus tout o so réputotiou,
Éxijèt dé *Jonétt'* uno réporotiou...
L'offaïré sé ploïjèt, è lo paouro jolouso,
N'ojèt pas lou plosé d'èssé lo pus hurouso,
Dé lo bourso corguèt locha lou courréjou.
Cal poguèt tout oquo ? Moun boun omic *Jocou* !...
Bast' oquéllo loïssou l'ojèsso coumbértido,
Mais, bah ! fénno jomaï n'o pas combiat dé bido !...
Oquél qués otocat dél mal d'èssé jolous,
Qué siagué joub' ou bièl, sé trobo malhérous !...

XLII

UNO OBÉNTURO DÉ GIGUAS

(Poëme comi-tragique.)

Tant qué l'on pot sé cal gorda des *Courdous blancs* (1)
Omaï qu'ajou rénoun d'èssé dé bouns éfans...
D'occouléta caoucun n'oou pas jomaï bérgougno ;
Counnouïssou pas rés pus qué lo leï dé lo pougno.
  On lous béï dé tout téns
  Rouda pér los corrieïros,
  Os mércach, o los fieïros,
  Toujour sarrou los déns !...
Sou pogach tout éspres pér costia lo conaillo,

(1) Gendarmes.

Pér fa oquél méstiè cal pas d'hommés dé paillo !...
   Déjoust un grand copèl
   Mostrou ficudo mino !...
   Portou détras l'ésquino,
   Un sac pèl dé budèl,
Qué countèn d'hobitud' un porél dé codénos,
Chipélét coumpoousat dé doso-noou disènos,
Bénésit tout éspres pér moussu *Castio-fach*,
Pér faïré coumbérti lous qué sou déboouchach !...
   Oou prou béllo téngudo,
   Mais lo poraoulo duro,
   È lou régart sérious.
   Marchou soubé pér dous.
   Quand oou poou dé sé battré,
   Olar' on né béï quatré,
   È pieï lou *Coummondant*... (1)
Oquél, ou joub' ou bièl, n'és pas lou pus golant.
Orribo pas soubén dé lou béïré pla riré !...
Iéou n'aï counnéscut un, ou bous boli tout diré,
   Qué, dins nostro coummuno,
   S'éro maï démourat,
   Dé sourél ou dé luno,
   Caoucun l'oourio sorrat.
   Hommé plé dé moliço,
   Pér dréch, pér énjustiço,
   Boulio toujour rosou.
   Ou garo lo prisou !...
   Èro fals coummo' n Corso
   Pér él obio lo forço,
   È sé fosio crénta ;
Cépéndén pés codéous sé loïssabo ténta.

(1) Brigadier.

Es un faiplé qu'obio, cadun obèn lou nostré...
O quittat lou poïs... Lous qué l'obès pér bostré,
      Sé bous bol malména,
      Lou bous cal sobounna !...
      Garo ! garo péscaïrés
      Omaï baoutrés cossaïrés.
D'oquél *Grippo-filous*, sooubas-bous sé poudès,
Entré qué lou bëirés, crésès-mé, fugissès !...
N'éspargno pas dégus... Sé jomaï bous orrèsto,
Poudès, pér éscopa, tèné lo bourso prèsto !...
      Sobès s'és dégourdit,
      Saouto coummo' n cobrit,
      Poropèls è muraillos,
      Tooutassés è rondaillos.
      Rés l'émborrasso pas...
      L'oppélabén : *Giguas*.
Giguas ou *Marquo-mal*... És naout, o dé combassos,
En lou béchèn dirias qu'és quillat sur d'éscassos...
O lou cap d'un bourrét... És magré qué fo poou,
Nas comart, pial tout gris, quagné poulit lourdoou !...
N'o fachos, oquél gus, n'o fachos dé béstisos.
(N'o pas toujour sounat pér faïré dé souttisos !...)
O soubén pla monquat dé sé faïré frétta...
Escoutas, sé boulès, cé qué bous baou counta !...

II

M'én soubéndraï lounténs... Aï lo dato pla frésquo,
Un dissaté moti, dins lou téns qué lo pésquo
      Prèsqué dins tout poïs,
      Paouc émporto l'ooutis,
      Sé trobo défendudo,
      Jocou, dins l'inquiétudo,
Coussi pourré nourri so fénn' è sous éfans,

(N'obio sieïs, lou pus bièl èro dins lous dèch ans,)
Sé pénso d'ona faïré un tour o lo rébieïro.
Dél costèl dé l'éndréch, *Jonetto* lo chombrieïro,
    L'oun oblo pla prégat,
    L'y foguén lo prouméssó
    Ol noun dé so méstrésso,
    Qué sério pla pogat.
... Un bési, bièl frippoun, hommé plé dé moliço,
Té portis ol golop énfourma lo pouliço !
Giguas, lou grand *Giguas*, dé soun débér jolous,
Réunis bîtomén toutés sous coumpognoùs,
È l'y dis : « *Il paraît qu'il y a quelques apôtres,*
» *Qu'ont l'air, par-ci, par-là, sé f..tré dé nous-autres.*
» *A la sasse le zour, à la pèsse la nuit,*
» *Le fusil, le poison, et tout ce qui s'en suit...*
» *Par la barbe du diaple ! y fau que sa finice !*
» *Voyez-vous, y nous fau fuire notre service.*
» *Point de pardon pour qui se fera-t-attrapper,*
» *Moi zè té lui promét de le pas mal taper...*
» *Allons, dépéçons-nous, partons bité en campagne.*
» *D'uns, battons le vallon, les autres la montagne...*
» *Prémiè qu'attrapperons, il payera pour tous...*
» *Au moins qu'on dise plus qu'on se truffe de nous !..*
    ... » *Allons ! -z enfants, é leste,*
    « *É puis verrons le reste !...* »
    Boulio porla froncés,
    Mais l'y sobio pas rés...
... Lou téns n'èro pas clar, fosio pas gaïré luno,
Giguas bîté portis, créï d'ona fa fourtuno,
És countén qué jomaï ; lou noun, l'houro, l'éndréch,
O prés tout én éscrich, è l'oï filo tout dréch...
Bésès-lou pél comi, bésès-lou coussi saouto,
Garo ! paouré *Jocou*, bas èssé prés én faouto !...

Mais, l'hosart qu'és tant grand, n'ou bourguèt pas oïtal,
Oquél séro, *Jocou* démourèt o l'oustal.
Ol moumén dé porti, so fénno *Morgorido*,
L'y dis : « T'én anés pas, qué lo cabro cobrido ! »
È tout én éspérén dé béïré lou cobrit,
O *Giguas* jouoro lou tour lou pus poulit !...

III

Lou bési dé *Jocou*, bièl mérchan dé torraillo,
Hommé récounnéscut pér èss' un paouc *conaillo*,
(Cal bé quicon oïtal, l'oourio pas dénounçat),
Obio' n asé gorèl, magré o faïré piétat.
L'éstocab' os un aoubr' om' un floc dé courdello,
È lou fosio soubén jair' o lo bell' éstello !
Ol pè dé lo rébieïr' obio *trés pans* dé prat
Oquél jour, justomér., l'y souèt éstocat...

   Paouro bèstio, pécaïré !
   Sochén pas déqué faïré,
   Pér fa possa lou téns,
   Sé bol loba los déns !...
   Ogacho l'aïgu' è saouto,
   O pén' ojèt sooutat,
   Qué rémorquèt so faouto,
   È né souèt fochat !.

Mais, èro'n paouc trop tart, sourti... caous' émpoussiplo,
Lou bort sé troubo naout, lo mountado péniplo,
Oqui cal démoura, dé forç' ou dé boun grat.,
Lou paouré malhérous és tout déséspérat...
Bol bé crida : sécours !. mais o lo bouès trop raouquo.
Dins soun malhur sé péns' « Oï moun dious, s'èros aouquo,

   » Sorcell' ooussèl dé mar,
   » Poulo d'aïguo. conar,
   » D'oïci té tirorios,

» To bité qué bourriòs !...
» Mais nou, té cal péri... Lo mort, pas qué lo mort !...
» Lous qué mé counnouïssès, plognès moun tristé sort ! »
Orpoléjo, gémis, pieï tant qu'o dé courdèllo,
Éssajo dé fugi lou bort dé lo prodèllo.
Orribat justomén o l'éndréch lou pus ploun,
És las, né pot pas pus, né pèrt déja l'opploun !...

IV

Lou téns és calmé, d'èrt, né fo pas uno pousso,
Lou torriplé *Giguas*, qué lo moliço pousso,
O grands passés dé loup, è lou nas éscoouffat,
Opprocho paouc o paouc dé l'éndréch désignat...
Buffo' spés, és susén... Brullo d'émpotiénço,
So troupo lou séguis én gordén lou silénço...
Marchou loougiéïromén dé poou d'éss' énténduch...
Sou prochés d'orriba, qu'oousissou cértén bruch !...
Halte-là ! dis *Giguas*. « *Bougez pas plus de plasse.*
» *Ecoutons un moment, pour voir quoi qui se passe,*
» *Mé semblé qué j'entends quèque diaplé par là,*
» *Moi je vais m'avancer, vous-ôtre restez là.* »
È s'obanço tout soul, gognén daous lou ribaché
Justomén dél coustat d'ounté bén lou topaché !...
È torno tout counténn !... « *Coquin !... nous le tenons !..*
» *C'est lui ! L'avons connu !.. Gardabo, compagnons!*
» *Faut pas mener du bruit pour pas manquer la prise!*
» *Craintons pas, cette fois, de mouillé la sémise !*
» *Le coupable il est pris... Je m'en vais le sommer*
» *Gare !. s'il se rend pas, se fera-t-assommer !...*
» *En avant, suivez-moi, fésons pas rien les lâches !*
» *S'il y a-t-un poltron, j'y brûle les moustaches !...*

V

'y sé beï rès dé tout, è lou bruch qué grondis,
'ndiquo qué quicon dins l'aïguo sé brondis !...
  C'est au nom de la loi, mâtin, que je t'arrête!...
  » C'est toi, je te connais, fasse pas de la bête,
   Rends-toi sans résistance à mon commandement.
  » Tu peux pas m'échapper. J'ai ton signalement!...»
'as' on' oquéllo bouès, és tant counténqué pèto !.
Ginguo, lèbo lou quioul è boulèguo lo couétto.
  Rends-toi, qué jé té dis ! » l'y répèto *Giguas*,
  Et porte l'éstrument qué tu mé rémettras.»
Morti ginguo toujours, è doun maï l'aïgo saouto,
Dé né tira pas rés, lo troupo n'és molaouto !
  » Rends-toi, qué jé té dis pour la troisième fois !...
  » Ah ! tu ne réponds rien, eh bien ! tant pis pour toi !
Ottrappo soun fusil, corgat om' uno ballo,
Offusto, tiro dréch, è poun !... Lou té dobalo !...
  « — En voilà-z-un dé moins, pourquoi qu'il répond
                                        [*rien ?*
  » Il se truffait de moi, ce trasse dé vaurien...
  » Si je l'avons touché, ne doit plus être en vie,
  » Pourtant de le tuer, je n'avions pas envie.
  » Je voulais seulement rien que lui faire peur !...
  » Mais s'il est mort, tant pis ! C'est un petit malheur !»

VI

Lo luno sul moumén ésclaïro lou ribaché,
È prou pér qué *Giguas* countémplé soun oubraché.
Quand béï d'oquél qu'o tuat lou codabr' éstèndut,
Lou rémort lou sosis... démoro tout pérdut !..,
Lo troupo dis pas rés, n'és maï qué counstérnado,
Cal pourtant qué lo mort siagué pla counstotado !...

Giguas prén lo poraoul'... o soun coummandomén,
Dous s'élançou dins l'aïguo' ou foou péniploménْ...
Lou prémiè qu'o sooutat, n'o pas pla dé couraché,
Sé dépéndio qué d'él, tournoria sul ribaché !...
Soun coumpognou pus bièl, tout éscas pus hordit,
S'obanço... Déqué béï ? Pas rés dé pla poulit !...
Fo trés passés dé maï. Dé lo pouncho dél sabré
Bol burga cé qué béï, mais n'és pas qu'un codabré.
Én él mêmés sé dis : « És égal és trop fort,
» Poudio l'y faïré poou sans l'y dounna lo mort...
» Dé qu'o fach, oprés tout ? Pas qu'uno pécodillo...
» Arò, dé qué foro so pichotto fomillo ? »
És èssé trop bourrèou !... Soun cur dé bièl souldat,
Frémis d'éndignotiou, è n'és tout ottristat !...
« *Giguas*, tu porteras la peine de ton crime !.
» Sur toi va retomber le sang de ta victime !...
» Devenir assassin par amour du devoir,
» C'est affreux ! c'est affreux ! ah ! que le désespoir,
» En punition du Ciel s'empare de ton âme,
» Pour avoir d'un seul coup tué l'homme et la femme !..
» Pour celle qui l'aimait, jamais plus grand malheur !..
» Elle va pour le sûr en mourir de douleur !...»
« Barbare qu'as-tu fait ?.. » *Giguas* dins lo tristésso,
Sé frètto pas lou nas d'uno tallo prouésso !...
Tramblo dé tout soun corps, és pus lèou mort qué biou,
È sans pourré porla, démoro tout un briou !...
Paouso lo ma sul froun, pieï d'uno bouès tromblénto,
Coummando dé porti... Lo troupo mal counténto,
Sé mét én moubémen... è gagno daous l'oustal.
Chacun dis én sicrèt qué *Giguas* o fach mal !..
En dintrén ol quortiè, d'uno tallo obénturo,
Sé cal méttr' én débér dé faïré l'éscrituro...
Giguas, ol lioc d'ona fa lo dépousïtiou,

Ol mairo dé l'éndréch, cé qu'on bo béïr' éscriou :

> « *Péndan la nuï dernière (1)*
> » *Sommes allè guetté*
> » *Un pêcheur qui pèchè*
> » *Le long de la rivière,*
> » *É nous l'avons surpris*
> » *Qu'avait pas de permis...*
> » *De par par-dessus la rive,*
> » *Avons crié : qui vive ?*
> » *N'ayant pas répondu,*
> » *Après sommation faite,*
> » *Comme sur une bête,*
> » *J'avons tiré dèssu.*
> » *Ayant visé bien juste,*
> » *L'avons touché au buste,*
> » *Il est sans doute mor,*
> » *S'il vit pas rien encor !...*
> » *A vous, Mossieu le Maire,*
> » *De voir quoi qu'il fau faire...*
> « *Son corps, il est dans l'eau,*
> » *En face de l'ormeau*
> » *Où l'avons pris en fôte,*
> » *De tout ça prenez note,*
> » *En foi de quoi, signons*
> » *Nos dépositions !*
>
> » Giguas. »

Piquabo miéjo nuèch qué *Giguas* éscribio !...
Lou tron sé fosio' nténdré è déforo ploubio...
D'oquél moumén lou mair' èro tout éndourmit!
Dé lou dérébéilla n'oourio pas rés sérbit.

(1) En bon français de caserne.

Lou mort èro pla mort, iobio pas dounc pla prèsso,
Bolio tant éspéra qué l'aoubo' spélièsso!...

VII

Lou mèstré dél paour' asé, én énténdén trouna,
Né tiro coumpossiou!... Sé mét bit' o souna
L'oïnat dé sous éfans, gros è gras coummo' n mouèno.
L'y dis dé sé léba qu'onoro quèrré *Touèno*.
Touèn' oppélabou l'as' è *Touèno* démourèt.
Oïtal l'obio noummat lou qué lou lour béndèt.
L'oïnat oubéïssént è dé bounno counduito,
Sé lèbo, sé béstis é portis tout dé suito,
Pér ona délibra lou paouré malhérous.
Liousso, bént' omaï ploou, jomaï téns pus offrous!...
On éntén soulomén conta lo dugonello
Lo nuèch, oquél ooussèl n'o pas lo bouès pla bello.
És négré, négr' éscur, mais coummo sap l'éndréch,
Courris ol grand golop è l'oï filo tout dréch!...
Dé suit' én orribén crido : « *Touèno*, pécaïré !
» Tè pichou ! tè pichou ! Té régalos pas gaïré !...
» Paouro bèstio ! » Pas rés ! Coummo l'y sé béï pas,
Bo douçomén dé poou dè sé truca lou nas...
Fo, tout én pooupéjén, lou tour dè lo prodello,
O forço dé sérca, roncontro lo courdello
Qu'és éstocad' o l'aoubr' è l'ottrappo d'un cap.
Tiro qué tiroras !... D'asé né bén pas cap.
« Ané, déspacho-té, qué té ploou sus l'ésquino »
Quicon boulèguo bé, mais n'o pas gaïré mino
Dé pla sé déspocha... « Saïqué sios éntrobat ?...
» Faï bité, bèni dounc !... Ah ça mais, sios tibat !.. »
L'oïnat tiro bé tant, qué né sourtis lo lénguo...
« Pér qué bos pas béni, qué lou dia... té prénguo. »
Abondounno lo cord' è s'én tourn' o l'oustal...

Fièromén mal countén è trémpé coummo cal.
Dé suit', èn orribén, ou dis tout o soun pèro,
Qué lou trato dé bèsti' è sé mét én coulèro.

VIII

Dins dos houros dé téns, lo plèjo s'éspossèt...
Foguét pas pus dé bén, è lou jour coumménsét...
Giguas, én otténdén, lou rémort lou trobaillo...
Es éstat, cépéndén o maï d'uno botaillo,
O pouscut pla soubèn è dé sous proprés uèls,
Béïré coula lou sanc, bourdéla lous copèls.
Coussi donnc tramblo tant è prén lo car dé poulo?...
L'y sémblo qué quicon pér él boulis dins l'oulo.
O poou qué lo justiç' én fognén soun trobal,
L'y rèprouché bélèou d'èss' éstat trop brutal.
Sus oquélés soucis pot pas dourmi tronquillé.
Ès tout plè trocossat, è n'és pas difficillé!...
Pér uno bogotèll' oburé tuat caoucun,
Oquo' s dé lo coulèr' éscouta trop lou fun.
So fénno dins lou lièch tronquillomén répaouso,
Lo boudrio rébéilla pér l'y counta lo caouso,
Mais n'aouso pas, dé poou qu'oco l'y fagué mal...

IX

Pan! pan! Caoucun brondis lo porto dé l'oustal,
L'aoub' o pén' éspélis!.. Dél clouquiè qu'és tout proché
Quatr' houros soulomén, oou piquat ol réloché.
Giguas saouto dél lièch è crido : *Qui va là!*...
Péndén qué lou codél fo pas qué jongoula!...
Cal sap dè boun moti, cal és oquél qué quisto?...
Ol soun dé bouès, *Giguas* o counnéscut *Botisto*.
L'y bo bité dourbi pér saoupré dé qué bol!...
O l'ésclaïré dél jour, lou béï qué sémblo fol!...

Lou briguan, lou couqui, m'o fach un' énjustiço,
M'o tuat lou *bourricou*, lou m'o tuat pér moliço !..
Ou bous obio bé dich... Sé l'obias pla gueïtat,
Oquos sans né douta qué l'oourias ottroppat.
Ah ! lou poulissounot, lo m'o facho pla lourdo !...
Sé l'y disi quicon, foro l'ooureillo sourdo !
Mais, ou mé pogoro dé lun' ou dé sourél !
Nani, jomaï n'aï bist un lourdoou coumm' oquél.
Giguas l'y réspoundèt : « *Que voulez-vous donc dire?*
» *Voyons, la vérité, pour pas vous contredire.*
» *Parce que voyez-vous, nous ôtre gen dé loi,*
» *Aimon pas que le mondé il trahissé sa foi !...*
» *Il s'agi dé Jàcou, je l'ai vu tout de suite,*
» *Est-ce que vous voulez nous mettre à sa poursuite?*
» *Quoi donc qu'il vous a fait?. Là... le cœur sur la*
[*main?*
» *Aviez-vous donc besoin de venir si matin ?*
» *Paraît que vous avez une grande inquiétude.*
» *De vous fâcher pour rien perdez donc l'habitude.* »
— « Lou qu'oppélabi *Touèn' !* èh bé, lou m'o tuat...
» Moussu, bénès lou béïr' obal tout olloungat. »
Giguas, ol noun dé *Touèn'*, o résséntit so faouto !
Pénso toumba pél sol, o lou cur qué l'y saouto !
— « *Baptiste, écoutez-moi, faites pas tant de bruit?*
» *Le crime s'est commis, dites-vous cette nuit !...*
» *Pauvre, votre douleur doit être bien amère,*
» *Je vous plains, et surtout si vous êtes son père !...*
» *Voyons, est-il bien vrai qu'on ait tué votre enfant?*»
— « Nani, moussu, moun asé ! oïmorio tout ooutant.
» Én pésquén l'o troubat lou loun dé lo rébieïro,
» L'obio ménat ol prat ol rétour dé lo fieïro,
» Obal ol pè dél poun ounté l'aïguo dourmis,
» Oquél trasso d'oubriè, qué nuèch è jour courris,

» L'y m'o troouquat lou béntr' om' un fusil o balo.
» Oquél asé, Moussu, bolio bostro cabalo... »
Oïci *Giguas* coumprén tout coummo s'és possat !..
Sé calmo, ris tout soul... N'és pas pus trocassat !...
Mais bol pas oboua qué siagué lou coupaplé !
Touèno oquo's pas méns mort... lou paouré miséraplé !.
Sé cal toujour gorda dé faïré un' énjustiço...
Ès soubén ottroppat lou qu'ogis pér moliço !

X

O pén' o réssochut lo léttro dé *Giguas*,
Qué lou mairo, dé suit' o fach béni *Thoumas* !...
Thoumas, oquo's lou noun dél gardo dé coummuno,
Ès bièl, bièl occobat, è n'o fachos maï d'uno,
Orribo, sé présént' è porés décidat
O pla faïré cé qué l'y séro coummondat !...
Malgré soun grand biéillun, mostro pla dé couraché !
Quitto soun grand copèl, fo lou solut d'usaché,
È réçap fier è dréch l'ordré dé s'oppresta
Pér ona bitomén, è sans l'oï s'orrésta,
Oppréné o cal dé dréch lo torriplo noubello.
Moussu lou mogistrat prén so bouès soulannello
Pér l'y diré : — « Thomas, en homme diligent,
» (Puis, vous êtes connu pour être intelligent).
» Vous allez de ce pas informer la justice,
» Du crime dont *Giguas* s'est rendu le complice.
» Partez, et rendez-vous auprès du Procureur,
» Pour qu'il puisse venir en constater l'horreur. »
Lou gard' o tout coumprés, té portis tout dé suito,
Mais noun pas sans corga lo poulido lébito,
Los caoussos dé drap fi, lou gilét tout flourat,
So corobat' én séd' è lou col émpésat !...
Dins lou téns qu'o possat o pla faïré touolètto

Lou pourtur o déjà destribuat lo bouètto,
È pourtat o *Botist'* un obist dé *Jocou*
Qué l'y dis : « N'és pas ieou qu'aï tuat toun bourricou.»
È sé finissés pas dé faïré dé topaché,
Mé pogoras, lou méns, dous céns francs dé doummaché.»
Giguas, dé soun coustat, ol golop dé chobal,
Ol mairo s'és béngut éspliqua coummo cal !..
Cal séro lou pérdén, dins tout oquél offaïré?.,
Oquo séro *Botist'* è noun pas lou péscaïré,
Lou gard' èro portit, lou foou tourna bira,
Creï qué sé truffou d'él, sé mét o murmura.
Giguas lou prén o part pér l'y counta l'histouèro,
E pér qué lo réténgu' ol founs dé so mémouèro,
L'y bo poga dé pic très ou quatré conous.
Obans dé sé quitta, sé bandou toutés dous,
Jusquos o béiré pas ni comi ni corrieïro.
Tallomén qué Giguas, singlén pas lo béntrieïro,
Lo sello dél chobal biro déjoust déssus,
Él sé fiquo pél sol é sé marquo l'onus.
Thoumas, dé soun coustat, pot pas troubà lo porto
Tusto dés pouns, dés pès, topochéjo, s'émporto,
È *Botisto* furious sèrco lou malfétou
Qués éstat l'ossossin dé soun biél bourricou.

Lo farc' és béritaplo (1)
Tout s'és sochut pus tart,
Né sério qu'uno faplo,
N'aï rist mo bounno part !..

---

(1) Le fait a eu lieu dans une commune du département de la Haute-Loire.

XLIII

LO GRANDO POOU

Lo nuèch dé soun *montel* occato lo noturo...
Dé los chormantos flous qué né foou lo poruro.
L'on réspir' o plosé l'ogréaplé porfun ;
O l'ontiqué costèl brullo pas cap dé lun...
L'on pot pas disténgua sos supèrbos tourèllos.
Sèn dins lou més dé maï... Un millioun d'éstellos
Brillou supèrbomén o lo bouto d'ozur.
Fo pas ni caout ni fréch, l'èrt és dous è pla pur,
Es l'houro dél rèpaous ou dé l'énquiétudo.
Tout és siloncious è dins lo soulitudo !...
L'on éntén soulomén lous èrs dél roussignol,
Magnifiqu' oousselou qué canto coummo bol,
È soulo dé l'*èco* lo bouès douç' è fidèlo,
Romboyabo lou soun dé so consou tant bèllo.
..... Dous noubèls moridach, lou cur tout plé countén,
Bras déssus, bras déjoust, onén poousadomén,
Sul *Fieyral* dé Roudés, grando è bèll' ésplonado,
Tout én porlén d'omour fosioou lo posséjado !...
D'onoouça pas lo bouès toutés dous obioou souèn.
Dé lour combérsotiou Dious soul èro témouèn.
..... *Louiso* qué fosio lou méstiè dé chombrieïro
Déséspiei soulomén une sémman' éntieïro,
Èro fénno dé *Marc*, intélligént oubriè
Justomén rénoummat pér un boun *copéliè*.
Iobio pas dounc lounténs qué l'aïguo bénésido
Lous obio coummo cal ossémblach pér lo bido.
Protiquén toutés dous lo bounno réligiou,

Sé sérioou pas pribach dé lo bénédictiou.
Dins lou moundé Chrèstiè n'io maï d'un qué s'én passo,
Grand tampis pér oquél qué réfuso lo grâço...
...Oou possat un loung téns o faïré dé proujèch,
S'oprèstou toutés dous o s'ona méttré ol lièch,
Sou d'aillurs fotigach dé fa mounto-dobalo.
...L'houro dé mièjo nuèch piqu' o lo *Cothédralo*...
— « S'és poussiplé, qu'és tart !... onèn-noun bitomén,
» Dèspochén-nous, déma nous éssouplidorén !...
» È cépéndén nous cal ona faïr' un bouyaché. »
— « Bah ! bah ! n'ojès pas poou... Cal pas pérdré coura-
Réspon *Marc* o *Louis'* en l'y sorrén lo ma,   {ché, »
Dégus nous fourço pas dé lou faïré déma.
Sé té séntissés pas d'èssé prou dégourdido,
Cal nous émpochoro d'ojourna lo portido ?
Louiso s'opérçap qué soun homm' o boun cur ;
Lo réspounso dé *Marc* oouménto soun bounhur.
Un frissoun dé plosé l'o touto trobérsado.
È sé flatto déjà d'èssé pla moridado !...
Orribo tant soubén qu'obans lo fi d'un an,
Dé s'èstré trop préssat n'io maï d'un qué sé plan.
...Cépéndén un souci bén trocossa *Louiso*,
Tout aro s'és lébat un pichot bén dé biso.
Oquél frésqué *zéphyr* qué bén dé soun poïs
L'y roppello quicon !... Soun boun cur s'otténdris,
L'y porto' n soubéni dé so tant brabo mèro,
Dé sous frèros et surs, ainsi qué dé soun pèro,
Réspéctaplé biéillard dé toutés odourat...
Qué dé plours, qué dé plours quand éllo l'o quittat !...
Éro d'aillurs pér éll' onimat dé tondrésso,
Louiso laïsso' nténdr' un soupir dé tristésso.
O pén' oquél soupir dé soun cur és sourtit
Qu'un bruch, éstrangé bruch, tout proch' o réténtit...

Louiso tramblo !... o poou !... Mais *Marc* lo tronquiliso
En l'y dién : — « Sans dout' oquo's pas qué lo biso,
Qu'o brusquomén topat caouquo port' ou pourtal ;
Oquo's pas rés dé tout, portién o l'oustal. »
Marc n'o pas réussit o rossura so damo,
Lou boulébérsomén és coumplèt dins soun âmo,
Lo froyou romplién soun imojinotiou,
Sans pourré faïr' un pas démouro tout un briou.
Lou ciel s'és ossoumbrit, l'on béi pas cap d'éstèllo,
Pèr coumblé dé molhur lou bruch sé rénoubéllo,
È *Marc* oquésté cop, quand siasqué courochous,
O séntit un frissoun dins soun corps tout nérbous.
Lou prénguén pas pourtan pér un hommé dé paillo,
Ès éstat lou témouèn dé maï d'uno botaillo,
O bist lusi lou férr' è lou bruch dél conou,
Ès béngut raromén l'y troupla lo rosou...
Cépéndén o tromblat... n'o prés lo car dé poulo !...
Gaïré maï loïssorio so fénno touto soulo ;
Mais *Louiso* sé tèn éstocad' o soun bras,
È lou débér l'y dis dé l'obondounna pas...
...Lou topaché réprén uno formo noubèllo.
È dél *posté* bési lo brabo séntinèllo,
S'opprèst' o faïré drèch sul prémiè poulissoun,
Qu'oousorio trobérsa sans déclora soun noun...
Lou couplé boucho pas è gardo lou silénço,
Escoutén sé lo *poou* s'orèst' ou récoumménço.
Marc créï oquésté cop d'oburé disténguat
D'un paouré malhérous lou crit déséspérat...
Sourtis soun *rébolber* bitomén dé lo pocho,
È dél coustat dél bruch o grands passés s'opprocho,
Décidat coummo cal o faïré fioc déssus...
Fo bira soun copèl è sé rétén pas pus...
Louiso lou séguis pus léou morto qué bibo,

Daous l'éndréch d'ounté bén oquéllo bouès pléntibo,
Lo sontinèllo crid' è lou *posté* sourtis
Pér orriba pus lèou, cado souldat courris.
Én ponèl, lou quortiè sourtis o lo fénèstro...
Toutès saoutou dél lièch, moussu, chombrieïro, mèstro...
Lo *poulic'* o soun tour manquo pas d'orriba
Pér dé qué ? pér un co qu'èro prèst' o tiba... (1)
  Obio trop romplit lo bédéno,
  Né bolio bé lo péno !...

XLIV

JEAN È MORTI
(Combat pastoral.)

—

Mars (2) qu'as oïmat toujour o dobola sus terro,
Éntré qué s'és porlat dé libra caouquo guerro,
Coussi dounc béni pas ossista lou moti
Ol coumbat qu'obut lioc éntré *Jean è Morti ?*
Sérios éstat témouèn d'uno lucho sériouso,
D'uno lucho qu'ojèt uno fi malhérouso !...
Lou noumbré dés blossach n'és pas éstat noumbrous,
Pér qué lous coumbottants n'èrou pas maï dé dous.
És égal, sé possèt un torriplé cornaché !...
Dé né pourrré porla, dounno mé lou couraché !...
Pas qué dé l'y pénsa mé fo quilla lou pial !...

(1) La pauvre bêto partit de ce monde munie des mêmes sacrements que les apôtres de la *libre-pensée*.
(2) Dieu de la guerre.

Ojudo-mé pér qué né parlé coummo cal...
Sé mé prèstos sécours mettraï tout moun poussiplé
O faïré saoupr' ol mound' oquél coumbat torrìplé.

☙

Fièr dè sé bèïré soul, ormat d'un lonc coutèl,
Jean, mèstré cousignè (1) lou pus baouch dé lo troupo,
Èro' n trin dé tria dé cooulèch pér lo soupo !...
Lou bounnét sus l'oouréill' è lou nas comoyat,
Tout fosio débigna qu'èro' n paouc éscoouffat.
Obio bégut un cop !... Boutas, ou sobio faïré,
Lou bi dé soun potrou l'ésporgnabo pas gaïré,
Morti, pastré boïllént, surtout pla boun éfan,
Bénio dé délorga, lo mitat mort dé fan,
È rés dé pus préssat qué d'on' a lo cousino,
Bèïré sé pot trouba quicon dins lo toupino..
Lou cousignè sé lèb' è l'y courris déssus
Omé lou poun lébat è l'y dis : « Ficut gus !
» T'apprendrai de m'allé bouléguer la marmite !.
» Veux-tu que je t'éscané, ou tu pars et bien bité...
» Que tu viens farfouiller sans ma permission?
» Peux-tu pas espérer qu'il soit prêt le bouillon ?
» Quoi donc que c'est que ça, trasse de vieille nipe !.
» Sais pas rien qui me tient de te crever la tripe. »
Tout én porlén oïtal l'y sorrabo lou col,
Jusquos o l'y topa lou traouc dél gorgoillol.
Morti, lou paouré diapl' obio lo gorjo pléno,
Monjabo, s'ou porés, un boussi dé coudéno...
Réprén dous ou trés coch pér oppéla sécours,
Mais o sous guélloméns toutés démorou sours.
Jean, qué lou bi trobaill' ol lioc dé locha préso,

(1) Chef cuisinier dans une maison d'éducation.

Bol oburé l'hounou d'uno tall' éntrépréso !
Té traï *Morti* pél sol !... Saïqués l'oourio crébat,
Sé présqué sul moumén n'èro pas orribat
Botisto lou forçur, oquél homm' émpogaplé,
Noscut éspréssomén pér saoupré fa l'oïssaplé,
Bénio dé foucha l'hort... Trobérsabo lo court.
Éntén caoucun qué crid' è s'orrèsto tout court !...
Lou bruch bén dé l'oustal, d'un saout és sus lo porto.
Éntré qué lous té béï sé bourra dé lo sorto,
Sé mét o l'y crida : « Tusto qué tustoras !...
Opparo-té, *Morti*, lou ficut pélooudas !..
Dios, n'as pas bérgougn', un hommé dé to taillo,
Oburé lou déjoust dins oquéllo botaillo ?
Ané, faï t'un paouc béir' un paouc dé forç' ol nas,
Ottrappo *Jean* pél béntr' è bélèou gognoras.
Ordit ! Ordit, *Piorrou* !. Roppello-té lo glouèro
Qué sur tus toumboro sé rompourtos bictouèro...
Faï surtout otténtiou qué lo poustéritat
Soourio té réproucha to grando lochétat !... »
Un discours tant pla fach ronimo soun couraché.
Morti souffriro pas d'éssé trottat dé laché !...
O forço dé jingua, dé fa fuma lou sol,
Finis pér lossa *Jean* qué l'y lacho lou col.
Biro l'ésquin' én naout, s'éstiro, s'omoulouno,
O cè qué pot touca coummo cal sé crompounno,
È pieï d'un cop dé bras, é d'un soul moubomén,
Plaço *Jean* pér déjoust omaï pla léstomén.
L'y sé cabro déssus, l'ottrappo pél lo boürro.
L'ogacho furious, lou ploumo, lou débourro,
Én dién : « És égal, né cal béïré lo fi,
» Ah ! moun paouré pichou, counnouïssés pas *Morti*,
» Triplé sot ! Animal ! soouras déqué t'én costo.
» Obans dé nous quitta, té copi caouquo costo !

» Dé quoi jé té faisai, vieux couquin, poulisson?
» Jé mangeai rien dé tien, espèsse dé c..ousson !
» Nom dé nom ! Cette fois ou l'un ou l'autre y pète !
» Il te faut me tuer ou bien moi je t'espète ! »
— « Allé, réprén *Botisto*, éncar' oquo' s pas rés,
» Brabé *Jean*, paro-té, pér qué l'as éntréprés !...
» Sério bé pla poulit, sé lou poudios pas téné !
» Dé l'ottroppa pél col t'oourio corgut réténé...
» Sé perdés, bas possa pér un fomous pèlaou.
» Tu qué disou qué sios soulidé coummo' n braou...
» Prén-l'y té dounc dé biaïs, sabi qu'as bounno pougno,
» Nou, nou, subiras pas uno tallo bérgougno... »
Jean sé séntis piquat. — « Bah ! bah ! créséguos pas
D'oburé lou déssus. *Morti*, t'én soubéndras,
Paouré bièl réïpétit, déqué crésés dé faïré ?
Tè ! sé té plognio pas, t'éngrunorio, pécaïré !... »
È lou laïsso porti !... *Morti* bol pas locha,
Sé soubén qu'aoutrés coch èro fort pér lucha.
Escoupis pér los mos, bisquo tant qué né babo,
Torno soouta sus *Jean*, omé lous pès l'éntrabo.
È bésès-lous oquì bras déjoust, bras déssus.
Lou qué l'on créï én bas és tout lèou pér déssus.
Biro qué biroras, foou pas qué toumbo lèbo,
Sou toutés hérissach, lo moliço lous crèbo !
Foou tout coummo dous cos coummo cal ottissach
Qué sé séparou pas sans s'èssé pla cordach !...
Oourioou saïqués finit pér s'oburé lo bido.
Lo scèno èro risipl' è pas gaïré poulido !...
Garo ! Lous coch dé pouns cousméncou dé roulla
Codieïros, taoulo, plachs, ou foou tout bourdéla.
Oprès lous cochs dé pouns bénou los gropignados,
È los gaoutos sou lèou touto éscoroougnados.
'Tronquill' spéctotou d'oquèl poulit coumbat,

Botisto lou béchèt, è sans ess' ottristat.
Ol countrari, toujour lous luchaïrés butabo,
O sé pla mourréja, doun maï loun onimabo.
É risio dé boun cur dé béïré dous folours
Sé plouma coummo cal è sans jés dé sécours.

ono

Oprès mièj' houro è maï d'uno lucho torriplo,
Lous dous guérriès s'én boou d'uno marcho péniplo,
Én sé quittén sé foou millo souèch dé malhur,
Dé lous oousi porla fosio dorré lou cur !...
— « Basté qué caouqué jour è sans miséricordo
» Té béchéssi pénjat os uno grosso cordo !
» *Lèco-plach, trisso-pébré* — « Opé tu *gratto-lart.*
» Oïci té counnouïssén pér un brabé péndart.
» Oïda, sério countén sé jomaï poudi' oppréné
» Qué té sios éspétat è qué té pos pas téné !... »
S'én disioou talomén qu'oquo fosio trombla,
È pér faïpé millou, cap boulio pas cola...
Botisto qu'o prou rist o lo fi pèrt potiénço.
— « Finissès, aoutromén lo coulèro coumménço !..
Sé mé fosès porti béïrés quicon dé noou !...
È so bouès dé tounnèrr' o toutés dous fo poou.
Lo botaillo finis... S'én boou l'oouréillo basso.
Gardén ol foun dél cur quicon qué n'és pas trasso.
S'ogachou dé trobès, podou pas fa dé méns,
Jean né sarro lous ponns è fo péta los déns !...
— « Qué sans mé diré rés dintrou dins mo cousino,
» Qué sans mo pérmissiou m'ogachou lo toupino !
» És quiçon dé trop fort *!* Bouto, paouré *Morti,*
» Torno s'eï, tu béïras sé té foraï porti...
» Dégus counnouïs lou sanc qué coulo dins mos bénos
» Coussi qué sério pas mèstré dé mos coudénos ?...

» Ah pichou, s'ou séraï... Cap goubernoro pas.
» Sé pér malhur mé foou mounta lo mousqu' ol nas,
» Aï oquì dous pougnéch qué né ténou dé forco !.. »
Jean èro gros è grand è béngut dé lo Corso...
Morti pla boun gorçou, cépéndén un paouc biou,
O l'éstaplé dés pors sé plourèt tout un briou...
Soun troupèl coumpoousat lou maï d'uno douchéno,
Èro tout otténdrit, prénio part o so péno,
È sémblabo l'y diré : Ah ! déqué t'oou dounc fach ?
Dé té béïr' ottristat qué sèn naoutrés fachach !.
Dé nous baltré pér tu, té fosèn lo proumésso.
Cal és oquél qué t'o plounjat dins lo tristésso ?...
Parlo, faï lou counnouïss 'onorén té bénja...
Morti dé tout lou jour bouguèt pas rés monjà,
Èro maï mort qué biou d'oquéllo robolado
Qué pér trop dé tolén él obio prouboucado.
Lou bruch d'oquél coumbat gagno lous émbirous
E sou prou bit' oprès orréstach toutés dous.
Lou potrou dé l'oustal, forçuras coummo quatré,
Lous oppèl' é l'y dis : « Pér qu'oïmas dé bous battré
« Hé bé ! bous baou fa claour' obal dins l'éstoplou.
» Oqui boun fiquorés diquos qué n'oourés prou ! »
Ol nas gros dé *Morti* pénjèt uno coudéno,
È té coundonnèt *Jean* o léca lo podéno.

XLV

O MOUS LÉCTOUS!...

Baoutrés qu'obés légit mos *Rigoulados*,
Critiquas-los... Né séraï pas surprés ;
Sé los troubas pas trop mal oppléchados,
Bontas-los pla, proufit mé pourtorés...

Tal éntréprén d'ojusta caouquo rimo,
Qué n'és pas bou qu'o fa quicon dé lourt.
Doun maï potis è doun maï l'y s'éscrimo,
Doun maï *Phébus* (1) toujour démoro sourt...

Quand m'o loïssat mé pèrdré dins l'extaso,
O fach oquo pas qué pér m'offina !
E s'aï jomaï éspérounnat *Pégazo*,
Coummo'n *folourt* s'és més o réguinna !...

Aï bélèou trop soubén émplouyat lo sotiro...
Qu'o pas rés fach, s'és pas soubén troumpat...
Pél prémiè cop qu'aï ottropat lo lyro,
Pérdounnas-mé sé n'aï pas pla contat !...

---

(1) Dans la fable : *Apollon*.

XLVI

ODIOUS O LO MUSO

Muso dél *Ségola*, tant grociouso damo,
Os un aoutré rimur, sé jomaï lou réclamo,
Réfusés pas lou doun dé toun énspirotiou.
M'én as fach proufita péndén un brabé briou !...
Mais és téns dé poousa lou pincèl è lo limo,
Dél *Parnassé* (1) cal pot mounta jusqu'o lo cimo ?...
Dé m'oburé ojudat té pos glourifia.
Aro dé qué foraï pér té rémércia ?
Jomai n'oouraï pér tu trop dé récounnouïssénço
M'as toujour, dé boun grat, préstat toun ossisténço.
Sé m'as fach proufita dés trésors d'*Oppolloun*,
Oquo's qu'as counnéscut qué n'obio pla bésoun.
Quand *Pégas'* o ruat, tu m'as tirat dé péno,
Sans qué m'ajé corgut faïré lusi l'éstréno,
Eri poulit sans tu !... Nani, n'aï pas pouscut
Opplécha rés dé bou, tant qu'aï fach lou coput !...
Otobé, tal ou tal qu'o légit moun oubraché,
Soouro mé réproucha d'èssé pas éstat saché,
È dé m'èssé pérdut pér trop dé préténtiou,
Én bourguén mé possa dé toun énspirotiou...
Lou mal és fach, m'én cal subi lo counséquénço,
S'aï coummés lou pécat, foraï lo péniténço !...

FIN DES POÈSIES PATOISES.

(1) Montagne de la Phocide consacrée à Apollon et aux Muses. *(Mythologie.)*

POÉSIES FRANÇAISES

I

Le Spectre!

Rêve — Vision.

Je murmurais encor une tendre priére,
Que déjà le sommeil, caressant ma paupière,
A mes sens harassés des fatigues du jour,
D'un repos bienfaisant annonçait le retour.
Un charme indescriptible enivrait tout mon être ;
Mes yeux appesantis, voyaient fuir, disparaître,
Confondus pêle-mêle et devenus moins beaux,
Les mille objets divers, les antiques tableaux,
Ordonnés avec goût dans mon humble demeure.
L'horloge du hameau tintait la dixième heure...
Je m'endors, et bientôt, en mon esprit pensif,
Surgit le souvenir de mon sort primitif.
J'interroge ces temps où, dans le sanctuaire,
Condescendant aux vœux de ma pieuse mère,
J'allais, encor enfant, implorer chaque jour
Ce Dieu plein de douceur, dont l'ineffable amour,
Aux mortels vertueux pour lui dans la souffrance,
Donne l'espoir flatteur d'une ample récompense !...
De ces jours de bonheur, le tendre souvenir
Faisait naître en mon âme un céleste plaisir...
Quand une voix plaintive, en frappant mon oreille,

Bouleverse mes sens, m'excite, me réveille...
Ce sont des chants d'horreur, des cris de désespoir
Que porte jusqu'à moi le sombre écho du soir.
Succède un bruit semblable au roulement des chaînes
Tel qu'il a lieu souvent dans les prisons humaines...
... Des pas se font entendre, et pour comble d'horreur,
Mes regards sont frappés d'une pâle lueur !
Le sombre et noir enfer voulait-il, plein de rage,
Dans l'horreur de la nuit, éprouver mon courage?...
Hélas, je le sais trop, pour pouvoir l'exprimer !
Céleste gardien, viendras-tu m'animer ?
Dans une tâche encor pour moi si difficile,
Viendras-tu soutenir mon courage débile ?...
Sans ton divin secours, je ne puis que faillir,
Je ne puis que me taire, étouffer tout désir !...
Mais... je le sens déjà... ma verve se ranime
Au souffle inspirateur qui m'enflamme et m'anime.
Ton vif et tendre amour guidera mon pinceau,
Tandis que j'essaierai de tracer le tableau
De l'état de frayeur et d'horrible souffrance,
Où, pendant cette nuit de dure souvenance,
L'implacable destin m'avait précipité !...
Bel ange, redis-moi l'exacte vérité !...
...Ces sons, tristes, plaintifs, partis du sein des ombres,
M'arrivent par degrés, plus lugubres, plus sombres,
Et chaque battement de mon cœur agité,
Redouble ma terreur et mon anxiété...
Ainsi pâlit de crainte au fond de sa retraite,
L'assassin fugitif que le remords inquiète.
Si jamais il entend résonner des accents,
Que profèrent non loin de sévères agents,
La frayeur le saisit, il tremble pour sa vie :
Chacun de ses soupirs l'abat, le terrifie...

... Immobile, sans voix, je dus céder enfin
Aux injustes rigueurs d'un aveugle destin.
Attendre, demi-mort, de cette affreuse scène,
Le dénouement tragique et la fin surhumaine...
... Dans cette alternative, où la vie est fardeau,
Tout tremblant, j'appelais un spectacle nouveau.
Quand des coups violents, partis d'une main forte,
Sur ses gonds ébranlés, firent crier ma porte !
Cruelle ! affreuse nuit !... Un spectre m'apparaît...
Autour de lui, la mort !... pâle, abattu, défait !...
Je le vois au travers du flambeau qui l'éclaire,
Venir à moi, le front incliné vers la terre !...
Il s'avance à pas lents, et ses cheveux épars,
Me laissent avec peine entrevoir ses regards !...
Son corps est tout sanglant, sa tête est enflammée.
De sa bouche s'élance une épaisse fumée ;
Une chaîne, enlacée autour de ses longs bras,
Retombe en lourds anneaux, et ralentit ses pas !...
Une froide sueur de mes membres s'empare,
Et dans l'affreux désordre où ma raison s'égare,
Ne pouvant, à cette heure, implorer du secours,
Il me semblait toucher au terme de mes jours !...
« Ne crains point, dit le Spectre et d'un ton lamentable !
» Ah ! compatis plutôt à mon sort déplorable,
» Souffrir et sans mourir !... Oh ! cruel lendemain ! »
S'exprimant de la sorte, il me tendait la main...
Je recule d'horreur dans le fond de ma couche ;
Le fantôme hideux fait un pas et me touche,
En agitant sur moi son lugubre flambeau !...
Jamais, non, non jamais, plus déchirant tableau !...
— « Rappelle, poursuit-il, rappelle en ta mémoire,
» Ce beau temps de jeunesse où tu mettais ta gloire,
» Il y a trente ans passés, à couler de beaux jours,

» Auprès de *Frédéric*, l'objet de tes amours (1)!...
» C'est lui que tu revois en cet état horrible!...
» Redoute, cher *Louis*, le châtiment terrible,
» Préparé sans relâche aux coupables mortels,
» Qui préfèrent à Dieu des plaisirs criminels!...
» Souviens-toi de ce jour où bravant la défense
» D'une mère attentive aux jours de son enfance,
» Le Ciel, pour le punir, lui fit trouver la mort,
» Dans ce gouffre béant où *Trèvesel* (2) s'endort! »
Et sa voix effrayante épouvantait mon âme,
Par le récit navrant de ce funeste drame!...
Mon esprit se reporte à cet instant maudit
Où, de la *Parque*, hélas! le plus cruel édit,
Rompant le cours heureux d'une belle existence,
Ravit à mon amour ce compagnon d'enfance...
Accablé sous l'effort d'indicibles frissons,
Je tente vainement d'articuler des sons!...
Ma langue à mon palais demeure embarrassée,
Refusant d'exprimer au dehors ma pensée (3).
Le Spectre reprenant : « La justice de Dieu,
» Depuis ce jour fatal, me retient dans un feu!
» *Purgatoire* est son nom! Là, d'incessantes flammes
» Brulent sans consumer et torturent les âmes!
» Lieu d'expiation où l'esprit va souffrir
» Des tourments inouïs pour un léger plaisir!...
» O toi qui m'aimais tant autrefois sur la terre,
» Ah! prie, et fais prier! La voix de la prière

(1) Par licence.
(2) Affluent de la Dourbie qui déverse ses eaux dans le Tarn, au-dessus de Millau.
(3) Boileau, *Embarras de Paris* :
      A mon palais tremblant, etc.

» Est puissante à fléchir le céleste courroux...
» Secourir un ami, c'est un devoir si doux!...
» Ton pieux souvenir calmera ma souffrance !
» Et hâtera pour moi le jour de délivrance. »
Le Spectre disparaît... La vision finit...
M'éveillant en sursaut, j'entends sonner minuit!!!

Rodez, 1860.

II

HYMNE

EN L'HONNEUR

DES JEUNES AMIS DE LYON (1)

Des rangs pressés de la foule joyeuse,
S'élève un cri d'allégresse et d'amour,
Applaudissant à l'œuvre généreuse
Qui vous voit tous réunis en ce jour (2)...

Troupe d'amis, société charmante,
Oh! qu'il est grand l'objet de tes désirs !
Pour soulager l'humanité souffrante,
Tu fais appel à d'innocents plaisirs.

(1) Réunion de l'élite de la jeunesse lyonnaise.

(2) A des jours donnés, les *Jeunes Amis* vont dans la banlieue chanter et jouer des pièces au profit des pauvres.

Les flots si purs de ta douce harmonie,
En apaisant les cris de la douleur,
Rendent au loin ta mémoire bénie,
Au cœur du pauvre apportent le bonheur!...

On est épris des chants que tu répétes ;
A juste droit l'on vante leur beauté.
Le noble but qui préside à tes fêtes,
Ajoute un charme à leur suavité.

Combien de fois la voix de la souffrance
N'a-t-elle pas proclamé tes bienfaits ?
A notre tour, pleins de reconnaissance,
Nous t'apportons des vœux et des souhaits!...

Poursuis, poursuis une tâche si belle,
Prends en pitié la veuve et l'orphelin !
Au malheureux qui sur ses pas chancelle,
Porte secours, il tend vers toi la main !...

Multipliez et vos jeux et vos fêtes ;
Jeunes Amis, prodiguez vos concerts!...
Allez, pour vous des couronnes sont prêtes,
Car il n'est rien d'aussi beau que vos airs...

Ce serait peu d'un laurier éphémère,
Pour couronner vos glorieux labeurs,
Mille fois mieux l'obole salutaire
Qui, de vos mains, ira sécher des pleurs!...

Vous qui coulez vos jours dans l'opulence,
Pour l'orphelin, oh! soyez généreux!...
Au malheureux plongé dans l'indigence,
Donnez! donnez! quoi de plus glorieux?...

Donnez ! l'aumône est sœur de la prière,
Fille du Ciel et de la Charité.
Donnez, afin qu'à votre heure dernière,
Dieu vous convie à son Eternité !...

Vourles (Rhône), 1871.

III

POUR UN BAPTÊME

Acrostiche (1)

Le père s'appelait Léon ; *la mère*, Sophie ; *la marraine
et l'enfant nouveau-née*, Léonie.

L 'Ange qui doit garder ton existence,
E st descendu de l'immortel séjour,
O digne fruit, belle fleur d'espérance,
N ée au milieu du plus radieux jour !...

S ur ton berceau que l'amour environne,
O n voit briller un riant avenir !
P rès d'une mère aussi tendre que bonne,
H eureuse enfant, oh ! que tu vas grandir !...
I ntéressante et chère créature,
E n toi repose un espoir bien flatteur !

(1) Pièce de poésie composée d'autant de vers qu'il y a de lettres dans un nom et dont chaque vers commence par une lettre de ce nom.

L es riches dons que t'a faits la nature,
É galeront les vertus de ton cœur...
O uvrant pour toi ses trésors de tendresse,
(N oble contrat, indissoluble lien !)
I l veut, ton Dieu, sanctionner ta promesse,
E n te dotant du titre de Chrétien !...

Veauche (Loire), 1869.

IV
LES VERTUS D'UNE MÈRE [1]

Je veux chanter les vertus d'une mère !...
Nul, mieux que moi, n'a connu son amour.
Elle n'est plus !... Mais en quittant la terre,
« Oh ! mon enfant, » m'a-t-elle dit, « espère
» De me revoir dans un meilleur séjour !... »

Et depuis lors, ma brûlante prière
S'en va frapper les échos de Sion !
Quand le jour luit d'une lueur dernière,
Son souvenir vient clore ma paupière,
Et je m'endors en murmurant son nom.

M ère, ton nom, oh ! que j'aime à l'entendre !...
A vec amour, ma langue le redit !...
R ien ici-bas qui puisse bien le rendre,
I l est si beau, si suave, si tendre,
E n traits divins, au Ciel il est écrit !...

[1] Sur la mort de ma pauvre mère.

Ma pauvre mère ! Elle était vertueuse ;
Son cœur aimant respirait la douceur !
Compatissante et surtout généreuse,
On devinait qu'elle était trop heureuse,
De s'attendrir au cri de la douleur !...

Au malheureux qui sur ses pas chancelle,
Combien de fois tendit-elle la main !
Soir et matin priant à la chapelle,
Avec le feu d'une ferveur nouvelle,
Elle y trouvait un courage divin !...

Ma pauvre mère... ange de patience,
Offrait à tous un modèle de paix !
Elle savait, pleine de bienveillance,
D'un cœur joyeux pardonner à l'offense,
Et sur ses pas prodiguer les bienfaits !

Femme modeste et compagne fidèle,
D'un tendre époux elle fit le bonheur.
Mais Dieu, rompant une union si belle,
Mit sur son front la couronne immortelle
Et lui donna la palme du vainqueur !...

La tendre fleur à peine éclose, tombe,
Et disparaît pour ne revivre plus ;
Toi, bonne mére ! oh ! par delà la tombe,
Tu vis toujours !... Que sur ton fils retombe
Un doux reflet de tes belles vertus !...

Des pleurs, des pleurs ont mouillé ma paupière,
Lorsqu'a sonné l'heure de ton trépas !
J'avais trente ans quand tu quittas la terre ;
Oh ! que depuis ma souffrance est amère,
Les regrets déchirants ne m'abandonnent pas.

Tu me l'appris à ton heure dernière,
Tout ici-bas, tout s'échappe et s'enfuit :
Le temps est court et la vie éphémère !...
Tu me l'appris, et ta voix, bonne mère,
Depuis ce jour, dans mon cœur retentit !...

Vivre je veux comme a vécu ma mère (1).
Pour m'endormir de la plus belle mort !
Mourir, je veux comme est morte ma mère ;
Fasse le Ciel qu'à mon heure dernière,
Elle soit là pour me montrer le port !...

Vourles (Rhône), 1870.

V

A ma chère Sœur !
Ode.

—

A peine le Soleil
Achève sa carrière,
Que la nature entière,
S'abandonne au sommeil,
Tandis que, vigilante,
Auprès d'un noir foyer
Toujours gaie et contente,
Tu te plais à chanter !...

Tu chantes ton bonheur,
Et ta voix enfantine,

(1) Morte à l'âge de 54 ans, mère de 18 enfants.

Tendre sœur Honorine,
Résonne avec douceur !..,
Tels les accents des anges
Au céleste séjour,
Entonnant les louanges
De l'Eternel Amour !...

S'il m'arrive parfois
D'entendre Philomèle,
Par une nuit fort belle,
Faire rouler sa voix,
Mon cœur vers toi soupire,
Et ton doux souvenir,
M'arrachant un sourire,
M'enflamme de désir !...

Des profanes refrains,
Dédaignant l'harmonie,
Ton âme n'est ravie
Que de nos hymnes saints !...
Belle fleur printannière,
Lys brillant de candeur,
Grandis et reste fière,
Loin d'un monde trompeur !...

Oh ! que j'aime à te voir,
Quand tu fais ta prière,
A côté de ta mère,
Le matin et le soir !...
Une douce ambroisie
Vient inonder ton cœur,
Le beau séraphin prie
Avec moins de ferveur !...

Tu mènes ton troupeau
Sur la verte colline,

Et la plaine voisine
Redit ton chant si beau !
Les oiseaux du bocage,
Fauvettes et pinsons,
Unissent leur ramage
A tes douces chansons.

En gardant tes moutons,
Sur le bord d'un rivage,
Dans les prés, sous l'ombrage,
Que de belles leçons !...
Contemple la violette,
Qui, par humilité,
Penche, incline la tête,
Pour cacher sa beauté !...

Assez riche des dons
Que t'a faits la nature,
Puisses-tu rester pure
A ses séductions !
Le devoir te commande
De leur fermer ton cœur !...
Demeure toujours grande,
Pour goûter le bonheur !...

Tandis que ton fuseau
Tourne, ô jeune bergère,
Vois-tu près de sa mère
Bondir le tendre agneau !
Le voilà qui s'élance,
Il monte, il redescend,
Fier de son innocence,
Oh ! comme il est content !...

Au souffle du Zéphyr,
La blonde chevelure
Qui te sert de parure
Semble se divertir !...
Quand les ris et les Grâces
Décorent ta beauté,
Pourquoi chercher les traces
D'un éclat emprunté !...

Ne quitte pas les champs
Pour courir à la ville,
Tu vivras plus tranquille,
A l'abri des méchants...
Reste sous la tutelle
Des auteurs de tes jours.
La maison paternelle,
Il faut l'aimer toujours !...

Mon amitié pour toi
Dans un joyeux délire
Se perd !... Elle m'inspire...
Et fait grandir ma foi !...
HONORINE, je t'aime
D'un amour fraternel !
Que d'un amour extrême
Je t'aime dans le Ciel !...

Rodez, 1860.

VI

A UN CENSEUR (1)

Est-il possible, ami, que votre esprit malin
N'ait pu produire au jour que ce mauvais *quatrain* ?
La nature, il est vrai, ne m'a formé poète,
Mais elle a fait de vous une fameuse b....te.

VII

POUR LA FÊTE D'UN PASTEUR

HOMMAGE DE RECONNAISSANCE

Offert au Curé de Veauche (Loire), par les trois instituteurs qui ont successivement exercé dans cette paroisse et dont les noms sont : Chaumier, Alvernhe, Méraud.

C oulez vos jours dans le plus pur bonheur...
H omme de Dieu, charitable Pasteur,
A u souvenir de votre bienfaisance,
U n vœu formé par la reconnaissance
M onte incessant, pour vous vers l'Éternel ;
I l est si beau d'importuner le Ciel
E n le priant pour un excellent Père,
R oi par le cœur, ami toujours sincère !...

(1) *Pion* de son état.

A gréez donc en cet aimable jour
L es tendres souhaits qu'a su former l'amour :
V ienne longtemps votre fête chérie,
E t chaque fois son aurore bénie,
R éveillera dans nos cœurs tout joyeux.
N obles désirs, transports délicieux !
H onneur à vous Pasteur dont la tendresse
E st toujours vive et nous bénit sans cesse !

M ais, à redire en toute vérité,
E t vos talents et votre charité
R este impuissant celui qui le désire ;
A vous fêter nous vouons notre lyre,
U n mot l'accorde : Amour ! Vous l'avez dit.
D ans votre cœur on le verrait écrit !...

Veauche (Loire), 27 juin 1872.

VIII

LE CHARLATAN.
Chansonnette.

—

I.

Si je parais sur cette place,
C'est pour soulager la douleur !
J'apporte un remède efficace,
Dont je suis le compositeur,
Ne croyez pas que je le vante
Poussé par un vil intérêt,

Servir l'humanité souffrante,
Voilà mon but, mon seul projet.

Refrain

A ma grande science
Accordez confiance,
Non, non jamais je ne mens,
Je suis un arracheur de dents!...

II

Avez-vous quelque dent gâtée,
Prenez un peu de cet onguent,
Et sur la partie infectée,
Etendez-le légèrement.
Dans un clin d'œil, une seconde,
Reste-t-il la moindre douleur,
Eh bien, là, devant tout le monde,
Appelez-moi fourbe, imposteur!...

III

Parmi la foule qui m'environne,
Surtout chez les petits enfants,
Je suis bien sûr qu'il n'est personne
Qui n'ait souffert du mal de dents.
Cette douleur contre laquelle
Tout échoua jusqu'à présent,
La vertu de ma poudre est telle,
Qu'elle l'enlève en un instant.

IV

Mais il deviendrait inutile
De vous amuser plus longtemps
Messieurs, il vous est très-facile
De vous convaincre si je mens,
N'ayez aucune méfiance,

Je suis certain de vous guérir.
Donnez-moi votre confiance.
Approchez, faites-vous servir !...

   A ma grande science
   Accordez confiance.
Non, non, jamais je ne mens !...
Pas plus qu'un arracheur de dents !...

IX

PLEURS ET FLEURS

Sur la tombe d'une sœur bien-aimée !

... Elle était mûre pour le Ciel !... (1)

H élas ! elle n'est plus cette sœur que j'aimais !...
O bjet tant regretté, moi, t'oublier ? jamais !...
N on, non, ton souvenir dans mon âme attendrie,
O ravissante fleur, trop promptement flétrie,
R este toujours empreint ! Pour moi plus de bonheur !...
I l me faut te revoir, te presser sur mon cœur !...
N ageant dans l'inconnu de la vie éternelle,
E ntends-tu les accents d'une voix fraternelle ?

L es regrets et les pleurs ne m'abandonnent plus !
O bel Ange, pourquoi seraient-ils superflus ?...
U n doux penser m'anime !... Un rayon d'espérance
I lluminant mon front, adoucit ma souffrance,
S ouffrir et nous étreindre au séjour des Elus !

   A St-Mamès (Drôme), 1862.

(1) Morte à l'âge de 21 ans.

X

CANTATE

EN L'HONNEUR
de saint Pancrace (1)

Un jour charmant a lui sur notre tête,
Jour de salut, de joie et de bonheur,
Chrétiens, chantons en cette belle fête
Notre bon père et notre protecteur.

1er CHOEUR.

Enfant du Ciel, frère des Anges,
Nous t'apportons en ce beau jour
L'humble tribut de nos louanges,
L'encens pieux de notre amour !...

2me CHOEUR.

O saint patron, ô tendre père,
Daigne sourire à tous nos vœux !
Et comme un ange tutélaire,
Veille sur nous du haut des cieux !...

Bien jeune encor, orphelin sur la terre,
Tu sus grandir dans la loi du Seigneur...
Et mépriser une gloire éphémère
Pour conquérir le suprême bonheur.

3mo CHOEUR.

Enfin, ton âme triomphante

---

(1) Musique de L. Nicolle.

Echappe au supplice cruel.
Tombé sur l'arène sanglante,
Tu te relèves dans le Ciel !

Quand les bourreaux préparaient, pleins de rage,
Les instruments de ton supplice affreux,
Le cœur brûlant du plus noble courage,
Tu souriais en regardant les cieux !...

4me CHŒUR.

O toi, glorieuse victime
Qui sus triompher des enfers,
Que ton courage nous anime
A briser enfin tous nos fers...

Noble héros, tu portes la couronne
Dont le Grand Roi ceint le front du vainqueur !
Ah ! fais qu'un jour, environnant ton trône,
Nous puissions tous partager ton bonheur !

Veauche (Loire), 1869.

XI

LA VOITURE A VAPEUR [1]

AIR CONNU.

Un jour Satan s'ennuyant aux Enfers,
Pour s'égayer, vint sur la terre,
Il fit trois fois le tour de l'Univers,
Cherchant à qui faire la guerre.

[1] Revue, corrigée et augmentée de 13 couplets.

Il commença par attraper
Tous ceux qui cherchent à tromper.
A chacun d'eux il eut l'honneur
D'offrir sa voiture à vapeur !

༄

Il va d'abord tracasser le meunier :
« Ah ça ! lui dit-il, tout murmure ;
» Du beau froment qu'on vient te confier,
» Tu prends double et triple mesure.
» De plus, tu retiens sans façon,
» Pure farine au lieu de son.
» Puisque chacun te dit voleur,
» Viens dans ma voiture à vapeur !...

༄

» Cruel boucher, le plus grand des bourreaux,
» Faut-il que je te le déclare,
» Tu fais couler le sang des animaux,
» Homme de fer et cœur barbare,
» Combien de fois ne vends-tu pas,
» Vache maigre pour du bœuf gras ?
» Tu peux, sans scrupule et sans peur,
» Prendre ma voiture à vapeur.

༄

» Cabaretier, qui gâtes tant le vin,
» Descends au fond de ta conscience,
» Combien de gens, hier chez toi, buvant bien,
» Sont aujourd'hui dans l'indigence,
» Combien d'enfants ont faim et froid,
» Et pleurent par rapport à toi,
» De leurs tourments cruel auteur,
» Viens dans ma voiture à vapeur.

༄

» Vieux tisserand, tu ne peux m'échapper;
» Vite, abandonne ta navette.
» Il me tardait de pouvoir t'attraper,
» Dans mon wagon ta place est prête...
» Car n'as-tu pas le grand défaut
» De garder le fil le plus beau ?
» N'hésite pas, viens de grand cœur,
» Viens dans ma voiture à vapeur.

ॐ

» Que fais-tu là, trop coupable tailleur,
» Assis sur le seuil de la porte ?
» Tu passes pour être un fameux voleur.
» Allons! allons! que je t'emporte.
» Tu retiens souvent du coupon
» Pour faire veste et pantalon.
» Dépêches-toi, hardi coupeur,
» Viens dans ma voiture à vapeur.

ॐ

» Cordonnier, pour gagner des écus,
» Tu mets en avant le mensonge ;
» Tes souliers, dis-tu, sont bien cousus,
» Et boivent l'eau comme une éponge ;
» Les porte-t-on une ou deux fois,
» Tous les clous partent à la fois.
» L'avarice te rend menteur,
» Prends, prends ma voiture à vapeur.

ॐ

» Tiens, te voici coquin de boulanger !
» Que mets-tu donc dans ta farine ?
» Tu fais du pain qu'on ne peut pas manger
» A moins d'être mort de famine.
» Tu trompes l'ouvrier, le rentier,

» Je veux t'apprendre ton métier,
» Puisque du vol tu n'as horreur,
» Viens vite en voiture à vapeur.

∽

» Noir maréchal, l'enclume il faut laisser.
» Ici tout le monde raconte
» Que tu vends du fer pour de l'acier ;
» Tout cela ne fait pas mon compte,
» Dans les champs on dit bien souvent :
» Ce forgeron vole l'argent !
» Tu fraudes trop le laboureur,
» Viens dans ma voiture à vapeur.

∽

» Il n'est plus temps, mon ami l'horloger
» De mettre la montre sur l'heure,
» C'est le moment de tout déménager
» Pour choisir une autre demeure ;
» Tout en faisant le fainéant,
» Tu ne gagnais pas mal d'argent.
» C'est là le trait d'un escroqueur,
» A toi ma voiture à vapeur.

∽

» Marchands drapiers, quincailliers, épiciers,
» Qui fraudez tant qu'il est possible,
» Bijoutiers, pharmaciens, pâtissiers,
» Entrez dans le wagon terrible !
» Liquoristes et cafetiers,
» Plâtriers, maçons et charpentiers,
» Bourrelier, chapelier, coiffeur,
» Prenez ma voiture à vapeur.

∽

» Hommes payés par le gouvernement
» Pour espionner vos semblables,
» Pour vous non plus, point de ménagement,
» Vous êtes tous de grands coupables ;
» Si vous ne preniez tant d'écus,
» Le pauvre en aurait un peu plus.
» L'injustice est dans votre cœur,
» Prenez ma voiture à vapeur.

» Experts, huissiers, notaires, avocats,
» Qui vivez de l'art de la plume,
» Des jeux, des bals, des somptueux repas,
» Si vous avez pris la coutume,
» Ce ne peut être qu'aux dépens
» Des campagnards trop bons enfants.
» C'est assez de tant de bonheur,
» Montez en voiture à vapeur.

» Riches, bourgeois, croyez-vous être exempts
» De vous placer dans ma voiture ?
» Vous vivez tous comme des indolents.
» Chez vous, gens de toute nature,
» C'est trop longtemps, en vérité,
» Demeurer dans l'oisiveté...
» Dépêchez-vous, hommes sans cœur,
» Partez en voiture à vapeur.

» Moines, curés, prenez bien garde à vous !
» A filer droit je vous invite...
» N'ayez pas l'air de braver mon courroux
» Au moyen de votre eau bénite,

» Car si je vous prends en défaut,
» Je vous pincerai comme il faut.
» Vous aurez la place d'honneur,
» Là, dans ma voiture à vapeur.

༄

A la maison des sœurs de charité,
Satan arrêtant sa voiture,
Veut emmener la sœur Félicité,
Qui lui répond par cette injure :
« Monsieur le maître des damnés,
» Je vous fais quatre pans de nez ;
» Allez plus loin, je n'ai pas peur
» De votre voiture à vapeur. »

༄

Confus, honteux et de rage écumant,
Le diable remonte en carrosse ;
Il s'en va, triste, inquiet et menaçant,
Son regard est sombre, féroce.
A la sœur il dit en partant :
« Tu me paieras le tout comptant.
» Garde-toi, veille sur ton cœur,
» Pour fuir ma voiture à vapeur. »

༄

Chansonniers, rédacteurs, romanciers,
Qui n'écrivez que des bêtises,
Abandonnez vos livres, vos papiers,
Pour prix de toutes vos sottises,
Avec moi vous allez venir
Passer un moment de plaisir.
Vous jouez un rôle trompeur,
Montez en voiture à vapeur.

༄

Carillonneur, fossoyeur, menuisier,
Restez les derniers sur la terre,
Accomplissez chacun votre métier,
Ou bien je vous ferai la guerre ;
Faites en sorte qu'aucun mort
N'échappe pas du *coffre-fort*.
S'il en sort un seul par malheur,
Gare ma voiture à vapeur !...

Montlaur (Aveyron), 1875.

XII

LE DÉPART DU MISSIONNAIRE [1]

Air : *Notre vaisseau va quitter cette plage.*

I

La nef déjà sur l'onde se prépare,
L'ange des mers des cieux est descendu,
Aux flots muets tout un peuple barbare,
Demande en pleurs un apôtre attendu.

Refrain :

Tu pars, adieu bon père.
Adieu prêtre, sauveur,
Ta mémoire en ces lieux nous sera toujours chère,
Toujours sur la plage étrangère
Porte nous dans ton cœur.

(1) Poèsie inédite, souvenir du collége.

II

Quand parmi nous ta présence féconde
Versait déjà le savoir, les vertus,
Nous te voyons voler au bout du monde
Sans t'arrêter à nos pleurs superflus.

III

Héros du Christ, vole où ton Dieu t'appelle,
Emporte au loin nos vœux et nos regrets.
Pourquoi pleurer ?... non, ta gloire est trop belle
Trop beaux tes pas sur les sacrés sommets !..

IV

A tes genoux inclinés tous ensemble,
Heureux élu, de ton zèle martyr,
Tu vois tous ceux que ton départ rassemble,
Lève sur eux ta main pour les bénir !

XIII

LE DÉLIT DE PRESSE [1]

(Chansonnette.)

I

Monseigneur étant à l'autel. Appelait d'un ton solennel. Sur notre belle France, oui bien, La divine assistance. Vous m'entendez bien
Vous m'entendez - bien !...

II

Le corps des magistrats savants
Pour faire emplette de bon sens
Et de haute sagesse,
Oui bien,
Assistait à la messe,
Vous m'entendez bien...

(1) La scène se passe à la Cathédrale.

III

Lorsque au *Dominus vobis cum*,
Alléluia de *décorum*,
Quelqu'un, d'une voix claire,
    Oui bien,
A toussé par... derrière,
Vous m'entendez bien...

IV

Cette toux si fort retentit,
Que l'Archevêque l'entendit,
Et dit au Grand-Vicaire :
    Oui bien,
« Ouvrez ma tabatière,
» Vous m'entendez bien... »

V

A cet épouvantable son,
Les cloches firent carillon,
Les voûtes en frémirent,
    Oui bien,
Les orgues en gémirent,
Vous m'entendez bien...

VI

L'organiste qui préludait,
Croyant qu'un autre répondait,
Se dit : « Quelle musique !...
    » Oui bien,
» C'est la note tonique,
» Vous m'entendez bien !...

VII

» Quel que soit son diapason,

» Je m'y connais, c'est un *bas* son,
» Celui-là, je le jure,
   » Oui bien,
» Doit avoir l'embouchure,
» Vous m'entendez bien !...

VIII

Un chantre murmurait tout bas :
« Pour moi, je ne m'y trompe pas,
» La note est claire, nette,
   » Oui bien,
» C'est une clarinette,
» Vous m'entendez bien !...

IX

Les bonnes sœurs de charité,
Qui priaient avec piété,
Croient que c'est le tonnerre,
   Oui bien,
Qui fait trembler la terre,
Vous m'entendez bien !...

X

A ce bruit étrange et nouveau
André, notre brave bedeau,
Se tourmente, s'agite
   Oui bien,
Et se sauve au plus vite,
Vous m'entendez bien.

XI

A son tour le vieux sacristain,
Tout effrayé part du lutrin,
Il court, se désespère,
   Oui bien,

Et grimpe sur la chaire,
Vous m'entendez bien !...

XII

Une dévote se signant :
« Ah ! c'est la dernier jugement,
» Car j'entends la trompette,
  » Oui bien,
 » Qui sonne la retraite !...
 » Vous m'entendez bien.

XIII

Un gros chapelain tout ému :
« Oh ! Dieu du ciel, qu'ai-je entendu ?
» J'ai le nez sur la chose,
  » Oui bien,
 » Et ce n'est pas de rose,
 » Vous m'entendez bien.....

XIV

Le grave Pénitencier,
Tout en se tenant par le nez :
« Frères je le confesse,
  » Oui bien,
 » Ce n'est pas une vesse,
 » Vous m'entendez bien.....

XV

Vite, Monsieur l'aumônier,
Plongeant sa main au bénitier,
Fit le tour de l'église,
  Oui bien,
 Criant : « je l'exorcise....
 » Vous m'entendez bien.

XVI

» Car, il n'est diable en effet,
» Qui puisse faire un pareil pet,
» Et dans la Cathédrale,
　　» Oui bien,
　» Causer pareil scandale,
　» Vous m'entendez bien.,.

XVII

» — Non, repartit un saint prélat,
» Ce doit être quelque avocat,
» Qui, fidèle à son rôle,
　　» Oui bien,
　» Veut prendre la parole,
　» Vous m'entendez bien...

XVIII

Les avocats tout indignés
Accusent un des avoués,
Ces Messieurs en colère,
　　Oui bien,
Inculpent un notaire,
Vous m'entendez bien...

XIX

L'un d'eux repartit à l'instant :
« Nous faisons toujours *par devant,*
» Et jamais par derrière,
　　Oui bien,
　» L'on ne nous a vus faire....
　» Vous m'entendez bien.

XX

Se lève un huissier, gros et gras :

« Ah ça, Messieurs, parlez plus bas, »
Puis s'adressant au Suisse :
  Oui bien,
 « Faites donc la police, »
 » Vous m'entendez bien... »

XXI

Le suisse, fidèle au devoir,
Regarde partout sans rien voir,
Brandit la hallebarde,
  Oui bien,
 Criant : « prenez bien garde.
 » Vous m'entendez bien...

XXII

Monsieur l'avocat général,
Sur le ton le plus doctoral :
« C'est quelque sainte femme,
  » Oui bien,
 » Qui vient de rendre l'âme,
 » Vous m'entendez bien... »

XXIII

« Non, dit le procureur du roi,
» Ce n'est pas cela, sur ma foi,
» Car, toute âme, je pense,
  » Oui bien,
 » Est une pure essence,
 » Vous m'entendez bien...

XXIV

» Et celle qui vous monte au nez,
» Se fait apprécier assez,
» Pour voir que sa nature,

» Oui bien,
» Est fort loin d'être pure,
» Vous m'entendez bien...

XXV

Le substitut impatienté
De découvrir la vérité.
S'écrie avec colère,
    Oui bien,
« Poursuivons cette affaire...
» Vous m'entendez bien...

XXVI

Et sa voix forte, de stentor,
Il me semble l'entendre encor...
..... Dans le saint lieu du culte,
    Oui bien,
Fit faire grand tumulte,
Vous m'entendez bien.,.

XXVII

« Paix ! dit Monsieur le Président...
» Nous y mettrons le nez dedans.
» Ordonnant qu'une enquête,
    Oui bien,
» Par justice soit faite,
» Vous m'entendez bien...

XXVIII

» Et je commets à cet effet,
» Monsieur notre juge de paix....
» Car, cette irrévérence,
    » Oui bien,
» Est de sa compétence,
» Vous m'entendez bien...

XXIX

Ce dernier fait l'enquête et dit :
« Je flaire le corps du délit,
» J'en reconnais l'espèce,
  » Oui bien,
    » C'est un *délit de presse !*...
» Vous m'entendez bien...

XXX

» Je le signale à l'attention,
» De notre Juge d'instruction
» Le fait est à sa charge,
  » Oui bien,
» Pour moi je m'en décharge...
» Vous m'entendez bien...

XXXI

Messieurs, plus tard qu'arriva-t-il ?
Amen ! Amen ! Ainsi soit-il !...
De cette chansonnette,
  Oui bien,
Prenez la chose nette,
Vous m'entendez bien... (1)

Fin.

---

(1) Poésie inédite.

RECUEIL

DE

Charades [1], Enigmes, Logogriphes, etc.

Extrait des meilleurs auteurs.

1° ENIGME. — Définition de choses en termes obscurs, mais qui, tous réunis, désignent exclusivement leur objet et sont donnés à deviner.

2° CHARADE. — Sorte d'énigme dans laquelle le mot que l'on donne à deviner est partagé en deux ou trois autres mots que l'on appelle *premier*, *second*, etc. et que l'on fait connaître par leurs définitions.

3° LOGOGRIPHE. — Espèce d'énigme dont le mot est tel que les lettres qui le composent puissent former plusieurs autres mots.

4° CALEMBOUR. — Jeu de mots fondé sur des mots se ressemblant par le son, différant par le sens.

1 (C) P.

A la chasse, souvent retentit mon *premier*,
On a mauvaise haleine en mangeant mon *dernier*;
Et le noir Africain ne peut, sans se mouiller,
Au monde commerçant procurer mon *entier*.

Corail

[1] Nous avons marqué de la lettre P les énigmes, charades et logogriphes qui sont notre propriété.

2 (C) P.

Mon *premier*, en musique, est un terme usité,
Mon *second*, par les lois est sûrement puni,
Mon *troisième*, sur terre, a de tout temps rampé ;
Le brave cavalier de mon *tout* est muni.

3 (C).

Avec quelques mots, mon *dernier*
Fait d'une fille mon *premier*,
Et plusieurs fois au calendrier
L'on voit paraître mon *entier*.

4 (C).

Dans nos cercles, souvent un sot tient mon *premier*,
Et fait, pour s'en servir, un perfide métier ;
Le silence des bois redoute mon *dernier*,
Plus d'un drame ennuyeux brille par mon *entier*.

5 (C).

On connaît mon *premier* en apprenant à lire,
Mon *second* a des droits sur tout ce qui respire,
Et mon *tout*, entre amants, à regret, se doit dire.

6 (C).

Mon *premier* a du poil sans plumes,
Mon *second*, sans poil, a des plumes ;
Mon *entier* n'a ni poil ni plumes.

7 (C).

Mon *premier* détruit mon *second*,
Mon *tout* conduit à Charenton.

8 (C).

Le *bon* roi Dagobert mourut par mon *premier*,

Tel meunier fait mauvais trafic de mon *dernier*,
Sois prudent et patient en mangeant mon *entier*.

9 (C).

Pour vous réchauffer, prenez mon *premier*,
Pour vous rafraîchir, prenez mon *dernier*,
Le bon soldat doit servir mon *entier*.

10 p.

Le poète a besoin d'invoquer mon *dernier*,
On aime, dans les champs, le son de mon *entier*,
Le taureau, dans l'arène, use de mon *premier*.

11 (C).

Dans tous les discours, par mon *premier*,
    Une phrase à l'autre se lie,
A la marine appartient mon *dernier*,
    Oui, tous les ans, avec folie,
Maint tapageur célèbre mon *entier*.

12 (C).

Content de mon *premier*, le sage vit heureux,
Mon *second* au roseau fait supporter l'orage,
    Et mon *tout* orne le rivage
    Où Tircis soupire ses feux.

13 (C).

Le vieillard accablé par mon *dernier*,
Aime à trouver mon *premier*,
Près du feu, rempli de mon *entier*.

14 (C).

    Un des sept frères en musique
    Compose mon *premier*,

Chaque être porte avec lui mon *dernier*,
En guerre encor, il est mis en pratique,
   Et l'on trouve dans mon *entier*
   Une calamité publique.

15 (C).

Le matin et le soir on tire mon *premier*
Au moulin tous les jours on trouve mon *dernier*,
Au théâtre, au concert, on entend mon *entier*.

16 (C).

Plus d'un auteur, dans mon *entier*,
   A dit des choses inutiles.
Plus d'un sage, dans mon *premier*,
   Admire la nature et méprise les villes.
Plus d'un traître sur mon *dernier*
Cacha par un baiser mille projets hostiles.

17 (C).

Lorsque tu veux tenter le sort,
Mon *premier* t'est souvent contraire,
Mon *second* amène la mort
   Du cerf à qui je fais la guerre;
Par mon *tout* au spectacle, oui, bien souvent j'endors.

18 (C).

Mon *premier* tous les ans n'arrive qu'une fois,
Mon *second* sur la tête élégamment s'arrange,
Et mon *tout*, sur les cœurs, a le pouvoir d'un ange
Qui descendrait du Ciel pour nous donner des lois.

19 (C).

Mon *premier* n'est pas sain d'esprit,
Mon *second* est la maladie

Que saint Hubert, dit-on, guérit,
Mon *tout* se trouve à l'écurie.

20 (C).

Nous voyons par maint tour, de mon double *premier*,
Des baladins errants amuser le vulgaire.
Qu'il est doux, mes amis, de revoir mon *dernier*,
Mon *tout* pour voyager est toujours nécessaire.

21 (C).

La coquette Aglaé, pour rajeunir ses traits,
Se sert de ma *première*,
Pour conserver un teint vermeil et frais ;
Ma *seconde*, lecteur, suffit à la bergère ;
Mon *tout* n'est pas chose légère.

22 (E).

Tant que je suis verte on me mange,
Jaune, pour le feu l'on me range,
Quand je suis blanche, on me noircit,
On me vend quand je suis bien noire,
Je suis d'or, de plomb ou d'ivoire,
Les fronts, pour se parer, empruntent mon secours,
Je ne dure qu'un an, et je dure toujours.

23 (C).

Le chien saute et bondit au son de mon *premier*.
D'autres fois il rend le courage
Au chasseur las et mécontent
D'un infructueux voyage.
On mesure le temps par mon *dernier*,
Mon *tout*, monument d'imposture,
D'un peuple qui nous hait, depuis plus de mille ans,
Est la principale lecture.

24 (C).

Dans mon *dernier*, mon *premier* se rencontre,
Si ce *dernier* caresse, il déchire parfois,
Ne vous fiez jamais, pour mon *tout*, à la montre,
Qu'il s'agisse de meuble, ou d'étoffe ou de bois,
Avant de rien conclure examinez deux fois.

25 (C).

Reprenant son frais diadème,
Tous les ans mon *premier* fleurit,
Partout la voix de mon *deuxième*
Anime l'air qui te nourrit,
Et que tu sois sur la terre,
Riche ou pauvre, c'est mon *entier*,
Appelé palais ou chaumière,
Qui t'offre un toit hospitalier.

26 (C).

Au lecteur partisan d'une charade aisée,
Je soumets celle-ci qu'on devine en lisant :
De deux négations ma trame est composée,
Et mon *tout*, mot vieilli, fait penser au couvent.

27 (C).

Le jeune homme bien peu s'exerce à mon *premier*,
Avant d'atteindre mon *dernier*,
Pour s'en aller à mon *entier*.

28 (C).

Un animal dans mon *premier*,
Un animal dans mon *dernier*,
Un animal dans mon *entier*.

29 (C).

Autrefois, cher lecteur, la grammaire Lhomond,
M'apprit que mon *premier* était préposition.
Qu'il soit grand ou petit, commode ou difficile,
Mon *dernier* en tous lieux est chose plus qu'utile.
Mon *tout*, plus ou moins vieux, de l'art est un produit.
Fort commun autrefois surtout chez le notaire,
    L'ignorant, hélas ! le détruit,
    Plus sagement fait l'antiquaire.

30 (C).

  Légume à tige grêle
  De la saison nouvelle,
  Voilà ce que rappelle
    Mon *premier*.
  Ce que l'air nous renvoie,
  Ce qui donne la joie
  Aux habillés de soie,
    Mon *dernier*.
  Ce qu'on peut voir dans l'onde
  Et dont avril abonde
  Pour payer tout le monde,
    Mon *entier*.

31 (C).

Usez de mon *premier* envers les malheureux,
Qu'il est doux d'alléger leur pénible existence !
Toujours de mon *dernier* vénérez la présence,
Et n'attristez jamais cet esprit bienheureux,
Qu'à sa voix le Seigneur vous soit toujours propice,
Vous inspire le bien, vous préserve du vice,
Admirez la bonté du Souverain des Cieux,
Il vous donne en mon *tout* un fruit délicieux.

32 (C).

Mon *second* chaque jour précède un autre jour,
Et quand sur mon *premier* l'on s'en va faire un tour,
Il arrive souvent, au mal que l'on éprouve,
Que l'on n'aperçoit pas mon *entier* qui s'y trouve.

33 (C).

Les Gaulois vénéraient mon *premier*,
Par la distraction de mon *dernier*,
Tout poids peut bien se vérifier.
Maint baladin fait frémir mon *entier*.

34 (C).

De mon *premier*, préposition,
De mon *second*, négation,
On fait mon *tout* habit commode
Depuis longtemps passé de mode.

35 (C).

Entre les mains de l'indigence,
Qui ne peut donner mon *premier* ?
Quel signe de réjouissance,
Plus évident que mon *dernier* ?
Mais bien souvent la convenance
Veut qu'on se borne à mon *entier*.

36 (E).

Les visages par moi se trouvent embellis
J'entretiens sur le teint et la fraîcheur des lys
    Et l'incarnat des roses,
De l'esprit et du corps on me dit le soutien,
    Et ceux qui ne m'ont pas n'ont rien,
    Quand même ils auraient toutes choses.

37 (E).

Je suis au beau milieu du monde,
A quatre pieds dans un tonneau,
Je nage sans cesse dans l'onde,
Sans que jamais je sois dans l'eau.

38 (C).

Aime de mon *premier* l'attrayante parure
Surtout quand mai revêt son habit printanier
De mon *second* pourtant préfère la culture,
Mais à Dieu seul appartient mon *entier*.

39 (C).

C'est singulier
Que mon *premier*
Soit un *denier*,
Dès qu'en aumône
Quelqu'un le donne
A mon *dernier*.
Si la vapeur s'irrite,
Sur un ardent foyer,
De ses fureurs, de suite,
Mon *tout* abrite_
L'atelier.

40 (C).

Mon *premier* est un métal précieux,
Mon *second* un habitant des cieux,
Et mon *tout* un fruit délicieux.

41 (E) p.

Plus haut placé que Dieu et sur le ciel assis,
Je domine *Sion*, je domine *Paris*,

Je marche avec l'*éclair*, précurseur du tonnerre,
Je me trouve en tous *lieux* sans être sur la terre.

42 (C).

L'animal qui rumine
Se plaît dans mon *premier*.
L'homme, s'il n'est machine,
Aime aussi mon *dernier* ;
La sagesse divine
A seule mon *entier*.

43 (C).

On connaît mon *premier* sans être musicien,
Mon *second* est connu de tout bon grammairien,
Mais pour bien découvrir ce que mon *tout* révèle,
Etudiez Lavater (1), guide sûr et fidèle.

(1) Physionomiste anglais.

44 (C).

Le baudet porte souvent mon *premier*,
Il aime la propreté de mon *dernier*,
Que porte très-bien mon *entier*.

45 (C).

Vous qui goûtez, amis, les charmes de la paix,
Craignez de mon *premier* la trame et les effets ;
De mon *second* plutôt chantez les saints cantiques,
Vous voyez à mon *tout* d'excellents catholiques.

46 (L).

Sur mes six pieds, lecteur,
Je suis chère à ton cœur ;
Si tu me décomposes,
Je t'offre bien des choses :

Une gageure, une préposition,
Un groupe politique, l'éther, une fraction,
Un lord anglais, un berger, un corsaire,
Le plus mauvais de deux, un foyer, un viscère,
Du pain non cuit, un animal rongeur,
    Un oiseau réputé voleur,
    J'en trouverai bien davantage,
    Lecteur, tu m'as trouvé, je gage.

47 (L).

Je marche sur cinq pieds, si tu m'ôtes le cœur,
    Je change de nature,
    Tu peux alors, lecteur,
Aller au Panthéon admirer ma structure,
Tu trouveras après, cherche bien dans ta tête,
Un terme de grammaire, une œuvre de poète.
L'incrédule ennemi de la sainte doctrine,
Rejette avec mépris ma céleste origine,
Hélas ! combien de fois dans l'Eglise de Dieu,
A des débats sans fin jadis j'ai donné lieu !

48 (E).

Ami lecteur, sans moi tu viens au monde,
Et peut-être sans moi tu t'en retourneras.
Quiconque ne m'a plus, parle avec embarras.
    Très-rarement chez les vieillards j'abonde,
    Pour m'exprimer en termes nets,
    Et devenir plus facile à connaître,
    Je nais, je tombe et renais,
    Retombe encor, mais pour ne plus renaître.

49 (L).

Sur cinq pieds, rayonnant d'une sainte auréole,

En ce sonnet, j'esquisse un être grâcieux,
Le plus doux de la terre et le plus pur des cieux !
Aimer ! voilà dépeints d'une seule parole,
En son essence auguste, en son charme pieux,
Son nom, sa loi, sa grâce et son but glorieux.
Du malheureux il dit et l'espoir et l'idole !
Or, ce beau substantif engendre au moins vingt mots.
Qui, de ses flancs sacrés, vont surgir à grands flots,
Si l'on sait en presser l'ineffable substance.
Assez... Qu'est-il besoin, lecteur intelligent,
D'appuyer sur ma thèse, avec plus d'insistance ?
Mais pour l'humble poète, ami, sois indulgent.

50 (L).

Vous pouvez, sans fatigue extrême,
    Cher lecteur, me décomposer,
Car je n'ai que six pieds sans y rien transposer.
Otez-moi le dernier, je suis toujours le même,
Otez m'en deux encor, et sachez bien
Qu'à ma nature encore vous n'aurez ôté rien...

51 (L).

Je porte avec six pieds un héros jusqu'aux cieux,
Pourtant, à dire vrai, je ne suis que fumée.
Ma tête à bas, je n'ai plus d'envieux,
En fleuve tout à coup je me trouve changée.

52 (E).

J'habite le beau milieu de Paris
    (Avec moi il peut être pris)
Et pourtant je ne suis pas dans le *monde*.
L'on me voit au fond de la *mer*,
    Sans que je sois dans l'onde.

Il n'y aurait pas, sans moi,
Ni empereur ni roi.

53 (E).

Je suis ce que je suis,
Sans être ce que je suis,
Car si j'étais ce que je suis,
Je ne serais pas ce que je suis.

54 (L).

De quatre pieds l'on me compose,
Autrefois, j'étais grand seigneur,
Mais aujourd'hui fort peu de chose,
C'est le motif de ma douleur.
Si vous mettez à bas ma tête,
On n'est pas plus libre que moi,
Partout j'entre sans qu'on m'arrête,
Et je fais vivre peuple et roi.

55 (L).

Lecteur, sur mes six pieds, le Sauveur vint au monde,
Sans chef, je suis carrée, ovale, ou parfois ronde.

56 (L).

Fuyez, et loin de moi précipitez vos pas,
O vous tous qui ne voulez pas
Ou rôtir ou vous battre ;
Je brûle avec six pieds et je perce avec quatre.

57 (L).

Je suis, sur quatre pieds, sale, malpropre, immonde,
C'est à qui me rebutera ;
Sans *premier* et *dernier*, je plais à tout le monde,
Et c'est alors à qui m'aura.

58 (C).

De mon *entier* les riches sont contents ;
Sans tête, j'ai sauvé les rois de l'Univers.

59 (C)

Un être médisant sait trouver mon *premier*,
    Dans l'action la plus futile,
L'homme, sur mon *second*, vient reposer tranquille
Quand la terre revêt son habit printanier.
    Mon *entier* fut un grand génie,
Il donna l'harmonie à notre poésie.

60 (C).

Mon *premier* dans les bois avertit les chasseurs,
A ses joyeux accords, la voix des chiens répond,
    Chacun de vous, mes chers lecteurs,
    Voudrait bien être mon *second*,
Mon *tout* est un oiseau qui, dit-on, vit cent ans,
Et que la loi permet de chasser en tout temps.

61 (C).

Mon *premier* est un bois aussi fin que solide,
Le pain n'est que plus beau s'il n'a pas mon *second*,
Enfin c'est dans mon *tout* que va l'oiseau timide,
Pour dérober son nid qu'il met au plus profond.

62 (C).

    Mon *premier* est loin d'être dur,
    Dans la grammaire est mon *deuxième*,
    Mon *tout*, animal bon et pur,
    Représente la douceur même.

63 (C).

Le golfe éblouissant de la belle Venise,

Reçoit de mon *premier* les transparentes eaux,
Tandis que mon *second* dans son cours fertilise
Alcantara, Tolède, une terre promise,
Et jusqu'à l'Océan fait miroiter ses flots.
Mon *tout*, à l'étranger, n'est pas fort en usage,
Chez nous, communément, on l'aime davantage,
Ne cherchez pas en l'air, vous ne sauriez me voir,
Allez réconforter votre estomac... Bonsoir.

64 (C).

Mon *premier* est cruel quand il est *solitaire*,
Mon *second*, moins honnête, est plus tendre que *vous*;
Mon *tout* à votre cœur, dès l'enfance, a su plaire,
Et parmi vos attraits est le plus beau de tous.

65 (E).

Entier, je suis une saison,
Ami lecteur si de mon nom
Une seule lettre est ôtée,
Je ne suis plus qu'une journée.

66

Je ne veux pas te faire trop attendre,
Et pour un mot exciter ton humeur,
Devine Eglée, le mois qui fait entendre
Du rossignol le réveil enchanteur ;
Un nom bien cher à ton être sensible,
De tes appas le tyran destructeur ;
Cinq pieds, enfin, vont te rendre visible
Ce que tes traits ont gravé dans mon cœur.

67 P.

Il faut faire mon *premier*
Pour franchir mon *entier*.

Mais soyez mon *dernier*
Pour bien faire mon *premier*.

68

Chacun de nous, hommes et bêtes,
Tient à conserver mon *premier*,
Car sur lui reposent nos têtes.
Que dirai-je de mon *dernier* ?
Il est pour *eux*, il est pour *elles*,
Il marque la possession.
Quant à mon *tout*, mesdemoiselles,
Il est sur votre guéridon,
Et chez le peintre barbouillon.

69

Le marin fatigué se repose au *premier*,
Un cordon bleu souvent se sert de mon *dernier*,
Un honnête portier doit garder mon *entier*.

70

Mon *premier* est impératif,
Mon *second* retardatif.
Quand on dit mon *premier* au lâche,
Il recule, il fuit, il vous lâche,
Tant mon *second* a sur lui ce pouvoir.
Quant à mon *tout*, Messieurs, vous pouvez voir
Vos femmes, tous les jours, recourir à son aide,
Si vous les écoutez, je vous plains, Dieu vous aide.

71

Avec l'aide de mon *entier*,
Un écrivain toujours se sert de mon *dernier*,
Un fidèle portier doit garder mon *premier*.

72

Mon *premier* craint mon *dernier*,
Et souvent, en Espagne,
L'homme de ville ou de campagne,
Bâtit mon *entier*.

73

On voit souvent mon *premier*
Dans les doigts de la couturière.
Arrangé suivant sa manière,
Sur son front on voit mon *dernier*.
Heureuse si dans sa carrière,
Elle n'éprouve pas mon *entier*.

74

Et musique et plain-chant possèdent mon *premier*.
Dans la sombre forêt s'élève mon *dernier*.
Chez le restaurateur on goûte mon *entier*.

75

On vous propose une maison
A louer en toute saison :
Elle a deux portes, trois fenêtres ;
Elle peut loger quatre maîtres,
Et même cinq en un besoin,
Deux caves et grenier à foin,
Peut-être le quartier pourrait trop vous déplaire,
En ce cas le propriétaire,
Avec baguette d'enchanteur
Et de certains mots qui font peur,
Enlèvera maison, meubles et locataire,
Qu'aussitôt il transportera,
En tel quartier qu'il vous plaira,

On reconnaît l'hôtel célèbre
A son écriteau singulier.
Son nom est dans le calendrier,
Sans faire un problème d'Algèbre,
Lecteur, vous allez le trouver.

76

Je fus demain, je serai hier.

77 (E).

Je suis de bizarre figure,
Sans pieds, sans mains, courbe, bossu,
Et je dois beaucoup plus à l'air qu'à la nature,
L'honneur d'être partout reçu.
Je rends le cœur sensible et tendre,
Je meus les passions, je charme les ennuis,
Je parle, tout mort que je suis,
Mais on aurait peine à m'entendre ;
Ou je m'expliquerais très-mal,
Sans le secours d'un animal.

78 (E).

Mes arrêts sont irrévocables,
Les justes comme les coupables,
Se jugent à mon tribunal.
Je suis témoin, juge et partie,
Même le bourreau qui châtie,
Le criminel qui fait le mal.

79

On me méprise, hélas ! sitôt que je suis née,
On m'insulte, on me bat ; mais, malgré ces tourments,
La coquette voudrait avoir ma destinée,
Plus je suis vieille et plus je plais à mes amants.

80 p.

On se délasse sur mon *premier*,
Le pré reverdit par mon *dernier*,
Et mon *tout* est utile au plâtrier.

81

Qu'est-ce que Dieu n'a jamais vu et ne verra jamais ?

82 p.

Poursuivi par le chasseur,
Le lapin avec grand'peur,
Cherche vite mon *premier*,
Et s'il vient à le manquer,
On lui lève mon *dernier*,
Lecteur, cherche mon *entier*.

83 p.

L'animal attelé de mon *premier*,
Souvent passe dans mon *dernier*,
Quelquefois il traîne mon *premier*,
Chargé de mon *entier*.

84

L'eau dont s'abreuve mon *premier*
Le rafraîchit et le féconde ;
Chacun, sur la machine ronde,
Se distingue par mon *dernier*.
On sait lui trouver mon *entier*
Dès qu'il arrive dans ce monde.

85 p.

En descendant mon *dernier*,
Modère mon *premier*,
Apprends bien ton métier,

Lecteur, avant d'essayer
De faire mon *entier*.

86 p.

Jadis, sur mon *premier*, l'on allait à la guerre;
Mon *dernier* s'est éteint en bénissant la terre!
Mon *tout*, à l'hôpital,
S'emploie et s'utilise,
Il ferme, il cicatrise,
Et sans faire du mal.

87 p.

Mon *premier*, homme de loi,
Trahit bien souvent sa foi,
Surtout si de Bacchus, le perfide bouillon,
Est venu par malheur lui troubler la raison.
Alors, hélas! il oublie
Le beau serment qui le lie.
Sur table l'on étend bien souvent mon *dernier*,
Et pour le protéger
De la liqueur qui tache,
On a le soin, l'on tâche
De le laisser toujours couvert de mon *entier*.

88

A l'homme sans vigueur,
Mon *premier* s'applique
Et le pique.
Mon *deuxième* est gentille fleur,
Qui se dresse,
Et mon *tout* tourne avec vitesse.

89 p.

Sur l'eau se dresse mon *entier*,

A Charenton est mon *dernier*.
Chaque commune a mon *premier*.

89 bis p.

Chaque maison possède mon *premier*,
Il est construit de différentes formes,
Et quelquefois avec des blocs énormes.
Dans les champs, dans les bois, sur le bord d'un chemin
Tel cueille mon *dernier* qui se pique la main.
Mon *entier*, je vous le jure,
Se trouve dans la nature,
On l'entend bien souvent
Sortir de la populace.
Il se dit du bruit du vent
Ou de la feuille qui passe.
Il se produit encor sur le bord des ruisseaux
Roulant leurs limpides eaux,
Il est le cri de la souffrance,
Mais cherchez-le de préférence
Sur les lèvres du mécontent.

90 p.

De mon *entier*, métal blanc et fluide,
Redoutez, cher lecteur, la vertu perfide.
N'allez pas sur mon *premier*
Imprudemment vous lancer.
Son élément en furie
Pourrait vous ravir la vie.
Vous trouvez-vous souffrant
De quelque mal violent,
A quelque heure qu'il vous attrape,
Allez et promptement
Chez le disciple d'Esculape
Qui se dépêchera d'opérer mon *dernier*.

91 p.

Mon *dernier*, adjectif du genre féminin,
Est connu du savant et du petit gamin.
Du haut de mon *premier* le général habile,
A tel moment donné, sait défendre la ville ;
Tout le monde ici-bas, citadin ou berger,
Poursuit avidemment l'éclat de mon *entier*.

92 p.

Un soleil trop brûlant peut ternir mon *premier*
Que la belle Philis tient tant à conserver.
    A mon *second*, bête sauvage,
    Maint chasseur fait perdre courage.
Il le prend, il le dompte, et puis sait s'en servir,
Pour tracer des sillons, comme pour se nourrir.
Voulez-vous, cher lecteur, deviner mon *entier* ?
Allez donc chez le peintre ou chez le teinturier.

93 p.

Mon *premier* autrefois était une mesure,
Qui, dans certains pays, par tolérance, dure ;
Le paresseux souvent a mal à mon *dernier*,
Et l'on dit en riant : aplatir la couture
    De mon *entier*.

94 p.

On aime qu'un sermon soit mon *premier*,
Du vieillard chancelant respecte mon *dernier*.
    Dans telle ou telle industrie,
    Plus d'un bénéficie
    De mon *entier*.

95

Pour monter sur mon *entier*

Il faut user de mon *dernier*,
Et faire mon *premier*.

96 p.

Voulez-vous trouver mon *entier*,
Allez chez le charcutier.
Mon *premier* paraît au calendrier.
Maint instrument a mon *dernier*.

97

La femme, sur mon *dernier*,
    Porte mon *entier*,
Le vautour a mon *premier*.

98 p.

Coupez mon *premier*
  A mon *entier*,
Il ne pourra plus chanter.

99 p.

C'est chose bien singulière
Que mon *premier*, préposition,
Placé devant, placé derrière,
Serve d'appui, de protection.
Prix de gilet, de pantalon,
Chez le tailleur va-t-on régler,
Il compte toujours le *dernier*.
Les lois poursuivent mon *entier*,

101

Quoique je porte un nom vulgaire,
On me recherche, on me chérit,
Voici pourquoi : mon *entier* désaltère,
Mon *premier* chauffe et mon *second* nourrit.

102

L'humble chrétien jamais n'oublie
De céder à tous mon *premier*,
Ici-bas il n'a d'autre envie
Que d'être toujours mon *dernier*,
Persuadé que cette vie
N'est en somme que mon *entier*.

103

Si je n'ai pas des plus brillants carrosses,
 Et la richesse et l'ornement,
 Je n'ai pas le désagrément
De me voir conduit par des rosses.
D'un sort peu favorable éprouvant la secousse,
Mon maître cependant me soutient et me pousse,
 Quand il m'a mis en mouvement,
 Je puis marcher rapidement.

104 p.

Pour pénétrer dans ta maison
Il te faut en toute saison
Trouver mon *premier* docile,
Pour que le poids de mon *dernier*
Te paraisse doux et facile,
Lecteur, il faut savoir prier.
Si tu vois passer mon *entier*
Incline ton front vers la terre.
Il porte un signe salutaire !
 Dieu l'a sanctifié,
 Qu'il soit glorifié !

105 p.

On aime le son de mon *premier*,

On s'amuse bien sur mon *dernier*,
Et tous ont horreur de mon *entier*.

106

Cinq voyelles, une consonne,
En français composent mon nom.
Tu peux trouver sur ma personne
De quoi m'écrire sans crayon.

107

Sous les flots de l'Océan sombre,
Dans la nuit, quand un navire sombre,
Corps et bien, il a mon *premier*.
Quand on n'a plus ni sou ni maille
Et qu'on ne fait plus rien qui vaille,
On devient bientôt mon *dernier*.
Si vous voulez voir mon *entier*
N'allez pas le chercher en Pologne,
Car il habite la Dordogne.

108

Mon *premier* émaillé de différentes fleurs,
A l'aspect délicat, aux riantes couleurs,
    Embellit la nature !
Surtout lorsqu'au milieu serpente une onde pure...
Le paresseux qui tient à demeurer oisif,
N'aime pas mon *second*, que cherche l'homme actif ;
Quand on se voit chargé de nombreuses affaires,
    Graves et nécessaires,
Notre esprit est toujours sujet à mon *entier*,
C'est chose inévitable, on ne peut le nier.

109

Sur mes cinq pieds, lecteur, je suis très délicat ;

On enferme en mon sein diamant ou grenat;
Si vous coupez mon chef, je ne sers plus, hélas!
Qu'à bourrer les coussins, emplir les matelas.

110

Tel prête de l'argent qui veut de mon *dernier*,
Tous les ans au printemps reverdit mon *premier*,
Il faut, quoi que l'on fasse, user de mon *entier*.

111 P.

Sur quatre pieds, lecteur, aux hardis matelots,
De la mer en courroux j'aide à braver les flots;
Otez mon chef, je suis invisible, immortelle,
Par moi l'homme se meut, et ma puissance est telle
Que si je l'abandonne, il n'est plus ce que Dieu
Le fit en le plaçant dans ce terrestre lieu!
    Changez mon chef de place,
Je suis instrument qui blesse et qui défend,
    Du malfaiteur souvent
    Il arrête l'audace.
    De mon *avant-dernier*
    Si l'on fait mon *premier*
    Alors l'aquilon glace
    L'élément de mon *entier*.

112

Dans mon *entier* tel et tel voyageur,
Enferme des objets de certaine valeur,
    Dans sa poche il le porte,
Il est ou noir ou blanc, n'importe la couleur,
    Puis il est fait de telle sorte
Qu'il contient plusieurs fois mon *dernier*
    Que le vent souvent emporte;
Le malheureux s'en va frapper à mon *premier*.

113 p.

Lorsque de mon *premier* la plaine retentit,
Le chien fidèle aboie et le coursier hennit,
    La vertueuse mère
    Au cœur tendre et sincère
    Recommande souvent
    A son aimable enfant,
    Créature si chère,
De faire attention d'être bien mon *dernier*.
Allez chez la modiste, elle aura mon *entier*.

114 p.

    Dans la grammaire,
    Le dictionnaire,
Ami lecteur, va chercher mon *premier*,
    Il est mot invariable,
L'escroqueur, le filou font souvent mon *dernier*
    C'est plus qu'incontestable.
Dans la géométrie on parle de l'*entier*.

115 p.

Jadis, par mon *premier*, l'homme trop orgueilleux
A tenté vainement d'arriver jusqu'aux cieux,
Il fait de mon *second* composé d'alliage,
Dans la vie ordinaire, un très-mauvais usage,
Le caprice des vents fait former mon *entier*
Qui coûte quelquefois la vie au nautonnier.

116 p.

Avec huit pieds, lecteur, je suis méchant,
    Vindicatif, violent,
    Que voulez-vous y faire,
    C'est dans mon caractère.

Otez mon chef, avant mon *deuxième*,
Si vous placez mon *troisième*,
Je suis pratique de dévotion,
Depuis longtemps établie,
Par notre sainte religion,
Pour bien honorer Marie.
En moi l'on trouve encor un métal précieux,
Un titre noble et glorieux,
Ce que tout le monde respire,
Un synonyme de sourire,
Le nid du roi des oiseaux,
Un habitant des eaux.
Veux-tu savoir, lecteur, quelle est mon origine,
Souviens-toi du pays du Grand Napoléon ;
J'en ai trop dit, déjà plus d'un devine
Ma patrie et mon nom.

117 p.

Sur mon *dernier* le matelot s'élance,
Un frêle esquif bien souvent s'y balance.
Plus d'un auteur brille par mon *premier*.
Le calligraphe arrange mon *entier*.

118 p.

Chaque homme tient à garder mon *dernier*,
Dans la grammaire on trouve mon *premier*,
Il est toujours le même.
Pas de pêcheur qui n'aime
Dans ses filets enlacer mon *entier*.

119 p.

Maint voyageur descend à mon *premier*,
Qui méconnaît les lois de mon *dernier* ?
Chaque chrétien l'adore,

Du couchant à l'aurore.
Si tu vas, cher lecteur, visiter mon *entier*,
Là, tu reconnaîtras celui dont la puissance,
Peut donner à son gré, la joie et la souffrance,
Pour qu'il daigne toujours te prêter assistance,
Chaque soir et matin il te faut le prier !

120 p.

Mon *premier* dans la musique
Est souvent note tonique,
  Il est tantôt majeur
  Et d'autrefois mineur,
Mon *dernier* sert à façonner
L'objet qu'on désire former,
De mon *entier* un abusif usage
Le plus souvent dégoûte et décourage ;
Vas au couvent, lecteur, tu pourras m'y trouver.

121 p.

Quand on s'éveille en mon *entier*,
Le plus souvent l'on souffre
Ou l'on croit tomber dans un gouffre
Ou bien du haut d'un rocher.
Le lièvre fait lestement mon *dernier*
Quand de son gîte on va le dénicher.
Chasseur, de ton coup sois mon *premier*
  Si tu veux pouvoir le tuer.

122 p.

Mon *premier* lorsqu'il est bien bon,
Ne devient jamais mon *dernier*
Que par le défaut de bouchon.
Pour qu'il conserve la raison,
Il faut user de précaution,
Si par malheur il l'a perdue,

Pourquoi le perdrait-on de vue ?
Qu'on sache bien que mon *premier*
S'il se change en mon *dernier*,
Peut faire un excellent *entier*.

123

Je suis, ami lecteur, un étrange animal,
Souvent je fais du bien et plus souvent du mal,
De l'homme, esclave née,
Je lui donne la loi,
En secouant un joug trop onéreux pour moi.
Je dompte la nature et vaincs ma destinée.
Ecueil inévitable aux plus fougueux guerriers,
Je fus presque toujours le tombeau de leur gloire,
Et je pourrais citer plus d'un héros d'histoire,
Qui, rampant à mes pieds,
Vit, de ses faibles mains, échapper la victoire,
Et flétrir ses lauriers.
Rendons de mes exploits la mémoire nouvelle,
Hercule et vous, Antoine, infortuné romain,
Sans moi, vous seriez morts les armes à la main.
Egalement funeste à l'âme la plus belle,
Par moi, Condé, Turenne, infortunés sujets,
Ont osé de leurs rois trahir les intérêts.
Je fais au philosophe oublier la sagesse,
Et je change souvent les vertus en faiblesse.
Quels exploits, diras-tu, que de corrompre tout.
Arrête, écoute-moi, lecteur, jusques au bout.
Ce que perd à mes pieds, le héros, de sa gloire
Est le prix de la mienne, et comme ma victoire.
Celui qui ne m'a pas, me cherche, je le fuis,
Nous finissons enfin par devenir amis !...

FIN.

ERRATA

Page 21, 28ᵐᵉ ligne. — Au lieu de : Mais o pla troboillat bol pas perdre l'éstréno, lisez : *Lous laïsso pas porti sans démonda l'éstréno.*

Page 27, 17ᵐᵉ ligne. — Au lieu de : Lo motiuado, lisez : *lo motinado.*

Page 57, 4ᵐᵉ ligne. — Au lieu de : fachos, lisez : *fachos.*

Page 71, 7ᵐᵉ ligne. — Au lieu de : patelain, lisez : *patelin.*

Page 99, 8ᵐᵉ ligne. — Au lieu de : Er' éstat, lisez : *Ero 'stat.*

Page 101, 7ᵐᵉ ligne. — Au lieu de : l'y mo topat, lisez : *l'y m'o topat*, etc.

Page 114. — Après le 1ᵉʳ vers, lire les deux suivants, qui ont été omis :

« O né diré quicon pér déqué pèrdré téns
» Opportèn cépéndén o dé brabés poréns. »

Page 153, 19ᵐᵉ ligne. — Au lieu de Lo mé dièt dé long, dé long, lisez : *Lo mé dièt dé long.*

Page 154, 29ᵐᵉ ligne. — Au lieu de : sous paourès créonciès, lisez : débiturs è férmiès.

Page 179, 9ᵐᵉ ligne. — Au lieu de : Pérsounnos dé boun séns, lisez : *dé bounsén.*

Page 195, 9ᵐᵉ ligne. — Au lieu de : es éstat cépéndén, lisez : *Cépéndén és estat.*

Page 200, 11ᵐᵉ ligne. — Au lieu de : N'ajes, lisez : *N'ojés*, etc.

Page 203, après la ligne 4me, mettre le vers suivant, qui a été omis :

« Osséttat commo 'n réï ol pè dé soun fournél. »

Page 208, 13me ligne : *Aï bélèou trop émplouyat*, etc. Quelques fautes de ponctuation.

TABLE

PAR ORDRE ALPHABÉTIQUE

DES

POÉSIES PATOISES

	Pages
Beillo dè la Cobolcado (Lo)	23
Beillo dé lo Fèsto (Lo)	81
Bobardo (Lo)	104
Boulurs dé solcisso (Lous)	112
Bounn' onnado (Lo)	102
Botaillo (Lo)	146
Bugado (Lo)	149
Charribari (Lou)	37
Chombrieïro dé Gasto-Plumo (Lo)	135
Cobolcado (Lo)	29
Coummuno dé Poris (Lo)	165
Copèl dé Cobillo (Lou)	46
Cornobal (Lou)	171
Ès malaouté Roscolou	143
Es mort Jéan lou Roussélou	169
Emboucotiou	10
Fèsto (Lo)	85
Grando paou (Lo)	199
Gratto-mal, gratto pas pus	157
Ibrougno (L')	35

	Pages
Jéan è Morti...	202
Moussu dé Gros è Jonétoun...	67
Mal moridat (Lou)...	180
N'aï rist ! né riraï !...	43
Négréput (Lou)...	77
Noço dé Piorrou (Lo)...	15
N'occusés pas lou cat...	175
Oï qu'ès poulit !...	62
Ojèt très pans dé nas...	93
Ol rébeïré...	179
O Moussu D...nat...	97
O Moussu Lèco-fourchétto...	138
O moun omic Mothiou...	99
Obénturo dé Giguas (Uno)...	185
Os électous dé N...	135
O Moussu Roscolou (Réspounso)...	143
Odious o lo Muso...	209
Os un bobart...	180
O mous lectous...	208
Paouré grottaïré...	153
Pousséssiou dé Nostro-Damo (Lo)...	122
Récéptiou dé l'Ébésqué (Lo)...	115
Roquofort...	49
Réspounso dé lo Muso...	13
Roynal è lou cat (Lou)...	161
S'és défourcat...	128
Socristèn è lou Componiè (Lou)...	106

FIN DE LA TABLE DES POÉSIES PATOISES.

TABLE DES POÉSIES FRANÇAISES

	Pages
Le Spectre	211
Aux jeunes Amis de Lyon (hymne)	215
Pour un baptême (acrostiche)	217
Les vertus d'une Mère	218
A ma chère Sœur	220
A un Censeur	224
La fête d'un Pasteur (acrostiche)	224
Le Charlatan	225
Pleurs et Fleurs (acrostiche)	227
Cantate	228
La voiture à vapeur	229
Le départ du missionnaire	235
Le délit de presse	237

TABLE DES RÉPONSES

DES

ENIGMES, CHARADES ET LOGOGRIPHES.

1 *Cor-ail* : Corail. — 2 *Ré-vol-ver* : Révolver. — 3 *Bru-maire* : Brumaire. — 4 *Dé-cor* : Décor. — 5 *A-dieu* : Adieu. — 6 *Cerf-volant* : Cerf-volant. — 7 *Ver-tige* : Vertige. — 8 *Pois-son* : Poisson. — 9 *Drap-eau* : Drapeau. — 10 *Corne-muse* : Cornemuse. — 11 *Car-naval* : Carnaval. — 12 *Peu-plier* : Peuplier. — 13 *Pot-age* : Potage. — 14 *Fa-mine* : Famine. — 15 *Bas-son* : Basson. — 16 *Pré-face* : Préface. — 17 *Dé-cor* : Décor. — 18 *Mai-tresse* : Maîtresse. — 19 *Fou-rage* : Fourage. — 20 *Passe-port* : Passeport. — 21 *Fard-eau* : Fardeau. — 22 Le mot : *Feuille*. — 23 *Cor-an* : Coran. — 24 *A-chat* : Achat. — 25 *Mai-son* : Maison. — 26 *Non-ne* : Nonne. — 27 *Tir-age* : Tirage. — 28 *Ver-rat* : Verrat. — 29 *Par-chemin* : Parchemin. — 30 *Pois-son* : Poisson. — 31 *Or-ange* : Orange. — 32 *Mer-veille* : Merveille. — 33 *Gui-tare* : Guitare. — 34 *Pour-point* : Pourpoint. — 35 *Sou-rire* : Sourire. — 36 Le mot : *Santé*. — 37 La lettre *N*. — 38 *Pré-science* : Prescience. — 39 *Sou-pape* : Soupape. — 40 *Or-ange* : Orange. — 41 Le point sur l'*i*. — 42 *Pré-science* : Prescience. — 43 *Mi-ne* : Mine. — 44 *Bat-eau* : Bateau. — 45 *Procès-sion* : Procession. — 46 Le mot *Patrie*, où l'on trouve : pari, par, pair, parti, air,

part, pâtre, pirate, pire, âtre, rate, rat, pie. — 47 *Dogme*, où l'on trouve : dôme, mode, ode. — 48 Le mot : *Dent*. — 49 *Marie*, où l'on trouve : aimer, air, mire, rame, Irma, âme, are, rime, raie, rie, mari, ma, mai, mie, mi, ami, amie, émir, mare, maire, mira, rima, maie. — 50 *Rocher*, dans lequel on trouve : Roche, roc. — 51 *Gloire-Loire*. — 52 La lettre *R*. — 53 Verbe *être* et verbe *suivre*. — 54 Le mot *Pair*. — 55 *E-table* : Etable. — 56 *Flamme-Lame*. — 57 Le mot : *Porc*. — 58 Le mot : *Soie*. — 59 *Mal-herbe*. — 60 *Cor-beau* : Corbeau. — 61 *Buis-son* : Buisson. — 62 *Mou-ton* : Mouton. — 63 *Pô-Tage* : Potage. — 64 *Ver-tu* : Vertu. — 65 *Hiver-Hier*. — 66 *Image* : mai, ami, age. — 67 *Pas-sage* : Passage. — 68 *Cou-leur* : Couleur. — 69 *Port-ail* : Portail. — 70 *Va-peur* : Vapeur. — 71 *Porte-plume* : Porte-plume. — 72 *Chat-eau* : Château. — 73 *Dé-tresse* : Détresse. — 74 *La-pin* : Lapin. — 75 *Fiacre*. — 76 *Aujourd'hui*. — 77 *Violon*. — 78 *Conscience*. — 79 *Médaille*. — 80 *Lit-eau* : Liteau. — 81 *Son semblable*. — 82 *Trou-peau* : Troupeau. — 83 *Char-rue* : Charrue. — 84 *Pré-nom* : Prénom. — 85 *Char-pente* : Charpente. — 86 *Char-Pie* : Charpie. — 87 *Garde-nappe* : Garde-nappe. — 88 *Mou-lin* : Moulin. — 89 *Garde-fou* : Garde-fou. — 89 bis *Mur-mure* : Murmure. — 90 *Mer-cure* : Mercure. — 91 *Fort-une* : Fortune. — 92 *Teint-ure* : Teinture. — 93 *Pan-talon* : Pantalon. — 94 *Court-age* : Courtage. — 95 *Marche-pied* : Marche-pied. — 96 *An-douille* : Andouille. — 97 *Serre-tête* : Serre-tête. — 98 *Cou-cou* : Coucou. — 99 *Contre-façon* : Contrefaçon. — 101 *Bois-son* : Boisson. — 102 *Pas-sage* : Passage. — 103 *Vélocipède*. — 104 *Porte-croix* : Porte-croix. — 105 *Cor-billard* : Corbillard. — 106 *Oiseau*. — 107 *Péri-*

gueux : Périgueux. — 108 *Pré-occupé* : Préoccupé. — 109 *E-crin* : Ecrin. — 110 *Pré-caution* : Précaution. — 111 *Rame*, où l'on trouve : arme, âme, mare. — 112 *Porte-feuille* : Portefeuille. — 113 *Cor-sage* : Corsage. — 114 *Pour-tour* : Pourtour. — 115 *Tour-billon* : Tourbillon. — 116 *Cors-aire* : Corsaire, où l'on trouve : rosaire, or, air, sire, aire, raie. — 117 *Ecrit-eau* : Ecriteau. — 118 *Car-peau* : Carpeau. — 119 *Hôtel-Dieu* : Hôtel-Dieu. — 120 *Ré-forme* : Réforme. — 121 *Sur-saut* : Sursaut. — 122 *Vin-aigre* : Vinaigre. — 123 *Femme*.

Rodez. — Imp. H. de BROCA, boulevard Ste-Catherine.

www.ingramcontent.com/pod-product-compliance
Lightning Source LLC
Chambersburg PA
CBHW071128160426
43196CB00011B/1830